# 出海赋能
## 跨境增长的七项修炼

刘志强 著

清华大学出版社
北京

本书封面贴有清华大学出版社防伪标签，无标签者不得销售。

版权所有，侵权必究。举报：010-62782989，beiqinquan@tup.tsinghua.edu.cn。

图书在版编目（CIP）数据

出海赋能：跨境增长的七项修炼/刘志强著.
北京：清华大学出版社, 2025. 4. -- ISBN 978-7-302-68898-3
Ⅰ. F279.235.6
中国国家版本馆 CIP 数据核字第 2025EA5928 号

责任编辑：宋冬雪
封面设计：青牛文化
责任校对：王荣静
责任印制：丛怀宇

出版发行：清华大学出版社
网　　址：https://www.tup.com.cn，https://www.wqxuetang.com
地　　址：北京清华大学学研大厦 A 座　　邮　编：100084
社 总 机：010-83470000　　邮　购：010-62786544
投稿与读者服务：010-62776969，c-service@tup.tsinghua.edu.cn
质 量 反 馈：010-62772015，zhiliang@tup.tsinghua.edu.cn
印 装 者：三河市东方印刷有限公司
经　　销：全国新华书店
开　　本：155mm×230mm　　印　张：17.25　　字　数：214 千字
版　　次：2025 年 5 月第 1 版　　印　次：2025 年 5 月第 1 次印刷
定　　价：79.00 元

产品编号：109761-01

# 推荐序

在全球化浪潮日益深化的今天,越来越多的中国企业踏上了"出海"之旅,寻求更广阔的市场和更多元的增长空间。然而,国际化并非简单的市场扩张,也不是中国市场成功经验的简单复制,而是一场涉及战略、文化、管理、品牌、技术与合规等多方面的深度挑战。面对近两年国际上出现的民粹主义呼声和反全球化的浪潮,如何突破政治、文化、法律壁垒,建立全球范围内的企业竞争力?如何在跨文化环境中有效沟通、协作、引领和激励?如何利用数字化和人工智能技术提升企业竞争力?如何在复杂多变的国际环境中实现合规经营?这些都是中国企业在出海过程中必须认真考虑和面对的挑战。

很高兴看到刘志强先生在《出海赋能》这本新作中,以其丰富的跨国商务经验和深刻的行业洞察,对以上这些关键问题进行了系统的梳理和深度的剖析。刘志强曾是我的学生,20多年前在北大国际MBA(BIMBA)商学院求学时,他便展现出了卓越的学习能力、职业精神,开放好奇的性格,国际视野,并对商业本质有着深入的思考。过去的20多年,他在IBM等多家世界级跨国公司历练,足迹遍布全球,积累了宝贵的国际商务经验。他的职业经历,使他对中国企业有效地"走出去"有着独特而深刻的认知。

本书的核心框架——"七项修炼",精准地抓住了企业出海所需的关键能力:

**第一章:探索力修炼**——为什么出海?出海的使命是什么?做好长期的出海战略定位。

**第二章:沟通力修炼**——在不同文化背景下,提升跨文化情商,建立有效的沟通和交流渠道。

**第三章：协作力修炼**——面对跨文化差异，企业需要学会"和而不同"，求同存异，实现双赢。

**第四章：领导力修炼**——在多元化团队管理中，实施以人为本领导方式，激励人才，赋能人才。

**第五章：影响力修炼**——品牌全球化是企业发展的核心竞争力，更是企业在海外市场的影响力。

**第六章：数智力修炼**——从数据驱动到人工智能赋能，企业利用数字化技术提升全球竞争力。

**第七章：合规力修炼**——企业需要建立可行的合规体系，以应跨文化情境下的法律法规挑战。

这七项修炼，不仅涵盖了企业出海所需的核心能力，也为企业在全球化进程中提供了一整套系统性的行动指南。本书不仅有理论分析，更结合了大量实践案例和操作手段，既有深度，又具备可操作性，可以为那些正准备或者正在全球化道路上探索的中国企业，提供极具价值的参考。

作为他的老师，我为刘志强校友的成长感到由衷的欣慰。他从课堂上的追求知识到职场中的全球探索，再到今天以实践者和思想者的双重身份总结经验、著书立说，这不仅是他个人智慧的结晶，也是对所有计划走向国际、从事出海经营的中国企业的一份有价值的贡献。

相信本书能够帮助更多的中国企业在出海过程中少走弯路，真正实现全球化布局的稳健发展。愿每一位读者都能从书中汲取知识、技能、智慧，在全球市场的大潮中，乘风破浪，勇往直前。

杨壮

北京大学国家发展研究院校友基金讲习教授

2025 年 3 月 11 日

前言

## 我的"出海"与"七项修炼"

大学本科期间，我主修工业管理和工业外贸专业。1995年夏天，也就是大三暑假的时候，我有幸在中国化工建设大连公司实习，第一次接触到了进出口业务。为了锻炼我这个"年轻的小伙子"，经理派我前往上海松江县化工厂出差。尽管工作内容并不复杂，路途却颇为"遥远"。当时，交通远不如今天便利，从大连飞往上海的机票价格昂贵，因此乘坐客运轮船成为更经济实惠的选择——那时，这样的出差被戏称为"出海"。

从大连港码头到上海十六铺码头的航程，需要整整两天两夜。这段漫长而颠簸的旅程，不仅是一种对身体的考验，更激发了我对"海"的浓厚兴趣。

中国的化工品出口一直以其超高的性价比而闻名全球，为国家带来了大量的外汇收入。在改革开放初期，这对于中国来说具有特别重要的意义。这让我想起了电视剧《繁花》所描绘的那个时代，那时东部沿海地区，尤其是长江中下游一带的制造业，已经开始展现出活力和生机。

我毕业之际，正值我国体制改革之时，国家将进出口权下放给企业。我的几位大学同窗加入了国内知名的家电企业，如海信、海尔、长虹和格兰仕。这些"新锐"企业凭借其性价比优势，在国内外市场上开疆拓土。时至今日，同学们仍津津乐道的是2002年夏天的那个故事：两位同班同学在法国的一家餐厅意外相遇。一位是来自山东的海尔代表，另一位则是来自广东的格兰仕代表，他们都不约而同地前往欧洲参加家电博览会，开拓海外市场。自那以后，他们经常在每年的广交会上"偶遇"。

那时，以海信为代表的家电企业已经在欧洲市场展开了商业布局。20多年后的2024年欧洲杯比赛中，海信作为赞助商，在赛场上用醒目的大幅广告自豪地宣称："中国第一，不止于世界第二"。

2016年5月，我像往常一样来到位于新加坡淡马锡路的美年大厦（Millenia Tower）十二层的办公室，这里是NetApp公司的亚太区总部所在地。当时，我担任公司的大中华区市场总监，每季度都需要到总部参加会议，进行工作述职或是参与战略规划。

一见到我，我的老板乔治就兴奋地和我聊起了印度的手机市场。乔治是印度裔新加坡人，一直对印度市场保持着高度关注。他对小米手机在那里取得的辉煌成绩[①]感到非常惊讶和兴奋。我还记得，他当时把小米的发音说成"焦密"，这让我花了很长时间才意识到他指的是小米这个品牌。

同年9月，我前往澳大利亚悉尼出差。在悉尼繁华的中央商务区（CBD）的太平洋大街（Pacific Highway）街边，我注意到了一家华为手机的体验店。该店的装修风格简朴而又具国际化特色，与悉尼这座城市的环境和谐地融为一体。

2017年12月，我前往印尼巴厘岛出差。飞机降落后，我还未走出伍拉莱机场，路过连廊时，眼前立刻出现了OPPO新款手机的巨幅广告。

2018年11月，我前往西班牙巴塞罗那出差。在巴塞罗那郊区的一座展馆中，我注意到了一片醒目的太阳能光伏板展示区，上面标有

---

[①] 根据市场调研机构IDC的统计数据，小米手机在进入印度市场两年后的2016年，已经跻身市场份额前五。到2017年第三季度，小米更是取得了印度智能手机市场份额第一的佳绩。

隆基绿能的品牌标志。作为展会的重要参与者，隆基绿能展示了其高效光伏组件，吸引了许多当地企业和消费者的关注。

2019年6月，我前往印度班加罗尔出差。会议结束后，几位同事拉我一起去凯悦酒店附近的商场购物。在那个规模不算太大的商场里，让我印象最深的是三层的一个相当"奢华"的小米手机旗舰店。

2023年11月，我前往日本东京出差。在秋叶原的友都八喜多媒体商场，我发现了大疆（DJI）于当年5月新开设的品牌空间。店内展示了最新的无人机和手持相机产品，吸引了众多顾客驻足体验。

2024年8月，我前往希腊旅行。在首都雅典市中心的街道拐角处，我惊喜地发现了一家新建不久的比亚迪4S店，它显得格外引人注目。

同年9月，我前往阿联酋阿布扎比。在亚斯岛购物中心，我注意到一家宁德时代（CATL）的品牌展厅。展厅展示了最新的电池技术和可持续能源解决方案，现代化设计和互动体验吸引了不少当地顾客和国际游客，让人对中国企业的创新能力印象深刻。

中国企业过去和现在正以多种方式开拓海外市场，进入了一段高速发展的时期。

商业世界如同潮汐，起伏无常，恰似季节更迭和世界局势的变幻莫测。这正应验了那句名言——"唯一不变的，就是变化本身"①。

1995年，《财富》杂志首次发布世界500强企业榜单，其中美国企业有151家，日本企业149家，美日两国共占据了500强中的300个名额，中国仅有3家企业上榜。

2001年，中国正式加入世界贸易组织。九年后，中国的GDP规模超过日本。2012年，世界500强企业中中国上榜企业的数量已经追平日本，达到68家。2023年，中国上榜《财富》500强的企业数

---

① 斯宾塞·约翰逊在1998年出版的《谁动了我的奶酪？》一书中首次阐述了这一观点。这句话强调了变化是宇宙中唯一不变的现象。

量达到142家，连续第五年超过美国，成为上榜公司总数最多的国家。

企业如同经济社会的细胞，中国世界500强企业数量的增加，充分展现了改革开放40多年来中国经济实力的增长和企业发展的蓬勃活力，彰显了中国综合国力的增强。随着时代的变迁，跨国企业格局的巨大变化不仅反映了时代的激荡、经济周期的演变和全球化的进程，还体现了东方大国的崛起和科技推动进步的必然结果。跨国企业是国家的名片，一家企业在业务拓展国的形象，在某种程度上也代表着国家的形象。

2024年被企业界誉为"新一轮出海元年"，标志着全球化战略在新环境下的全面升级。在全球分工布局重构的背景下，越来越多的机遇将来自海外市场。大量中小企业在融入全球化格局的过程中，将面临"危"与"机"并存的挑战——既要面对更加激烈、更加充分的全球化竞争，又要把握不同类型市场带来的巨大商机。从某种角度来看，"不出海，就出局"代表了经济规模发展的必然趋势，而故步自封则意味着自断前程。在全球化的大背景下，越来越多的中国企业渴望扬帆出海，参与到全球竞争的浪潮中。中国的技术力量和产业升级已经登上世界舞台，管理格局渐趋国际化。未来，我们将见证的不仅是"中国制造3.0"，更是"中国全球化3.0"的崛起。

海外市场与中国市场有着显著差异。以亚太地区为例，这里就像是一个缩微版的全球市场。在这个区域内，既有高度发达的英语系国家，如澳大利亚和新西兰，也有文化体系独特且经济发达的国家，如日本和韩国；既有新兴且发展高速的经济体，如印度，也有发展中且形态各异的东南亚各国；当然，还有兼具相似性和独特性的港台市场……

中国企业走向海外，将面临双重挑战。一方面，在全球新技术的推动下，它们需要不断地进化和升级；另一方面，它们还将面对不同文化风俗、法律法规遵从、地缘政治关系、合作与竞争等多样化的全新挑战。当然，中国本身作为许多新兴产业发展的动力源泉，在很大程度上也代表着并引领着全球的发展方向。

中国企业如何顺利出海并开展海外经营？答案其实很明确：这要求企业中的每个人不断提升自我，真正深入理解海外市场的多元文化、客户需求、人才特质、合作模式、市场规则、区域特点、潜在机会、合规要求等重要知识，有效提升企业的品牌影响力并实现自身的国际化蜕变。

从 1998 年 6 月加入蓝色巨人 IBM 担任产品市场经理，到 2023 年底离开 NetApp 亚太区市场负责人的岗位，26 年有余的时间里，我曾有幸在几家全球大型跨国企业从事市场营销管理工作。无论是管理大中华区、亚太地区还是全球市场，我都曾面对不同国家和地区、不同的目标市场以及不同类型的团队与合作伙伴。从另一个角度来看，我无意中成了"出海"全球化战略的实践者。因此，在离开跨国企业后，我创立了帆海策略咨询公司，专注于为国内企业提供出海战略、品牌建设、市场拓展和技能培训等方面的帮助和支持。

在不同的场合，我曾分享过许多海外市场的经验，总结出企业出海必须具备的七项关键能力，我称之为"企业出海的七项修炼"（图 0-1）。

图 0-1　企业出海的七项修炼

第一，探索力修炼。企业出海时，首要任务是深入探索目标市场，全面了解客户和竞争对手，培养洞察力，做到知彼知己。

第二，沟通力修炼。在海外市场，掌握国际化沟通方式至关重要。尊重文化差异，才能确保在跨国环境下的各项工作顺畅进行。

第三，协作力修炼。跨国经营要求跨越地域和职能进行协作，构建高效的合作伙伴关系，以实现事半功倍的效果。

第四，领导力修炼。跨文化领导力与传统中式管理有所不同，在全球业务中需尊重本地化管理，促进不同文化背景的团队的和谐共处。

第五，影响力修炼。深入了解目标市场，制定塑造品牌形象与市场策略，助力企业实现经营目标，建立长期的影响力。

第六，数智力修炼。在数字化转型和社交媒体成为主流的当下，跨国环境下需采取数据驱动策略和智能化手段，这需要灵活应用AI（人工智能）和现代化工具组合来实现智能化的运营与营销。

第七，合规力修炼。合规是企业立足的基础和成功的基石。只有做到严格和严谨的合规，企业才能实现可持续发展并赢得信任与尊重。

这"七项修炼"背后凝聚了丰富的方法论，在这本书中我将其整理成了一份实用指南，配合多样化的企业案例，希望能为中国出海企业提供清晰的方向和切实的支持，助力这些企业抓住全球机遇，在国际市场中实现成功与长远的发展。

# 目录

## 第一章　探索力修炼：先解决去哪里的问题　/001

在全球化竞争加剧的时代，探索力已成为企业成功出海的基础能力。通过深入洞察市场动态并紧密围绕客户需求进行系统化探索，企业能够准确把握市场趋势，制定更契合本地化的战略，从而抢占先机，提升竞争力。探索力的修炼不仅关乎数据的采集与分析，更在于以客户为中心的深度思考和敏捷应变能力，为企业在多变的国际市场中成功奠定基础。因此，无论身处何种职位，出海企业的每一位成员都应将探索力视为赢得全球市场并实现长期发展的关键能力。

走向跨国经营之路　/004

探索中国企业出海的模式　/007

反思盲目出海：从失败中汲取探索的智慧　/014

出海探索原则：海尔的海外探索三部曲　/017

"航船理论"：全方位分析出海环境　/026

以客户为中心：高乐士成功探索海外消费者的需求　/029

缺乏探索资金？这三个"指数"有大用　/034

人人都是探索主体：全员参与的智慧与市场洞察　/038

要点小结　/041

## 第二章　沟通力修炼：在不同文化间建立纽带　/043

在全球化的大潮中，沟通能力是企业与世界交流的桥梁，同时也是出海企业人员在国际市场上必备的基本能力。这种能力不仅涉及信息的准确传递，更体现在对不同文化的深入理解、尊重和包容上。优秀的沟通能力能够跨越语言和文化的障碍，建立信任，推动合作。因此，掌握并不断提高沟通技巧，是出海企业人员的必修课，也是打开全球市场大门的关键。

跨国沟通：时间的隐形杀手　/046
跨国沟通的"6C 原则"　/049
用一个大大的拥抱消除隔阂：关于商务会面礼仪　/058
冲突和争吵的意义：一场针对日本市场的讨论会　/062
说不如问　/066
倾听的力量　/068
天涯共此时：利用节日达成共情　/072
要点小结　/075

## 第三章　协作力修炼：和而不同，合作共赢　/077

在全球化的市场背景下，团队间的紧密合作与协调配合显得尤为关键。协作的范围不仅限于团队内部，还应扩展到与上下游企业、整个供应链、生态系统，以及与客户的互利合作。企业需通过整合各方资源，保持开放态度，不断提升自身能力，以便在复杂的国际市场中灵活应对，迅速适应市场变化。因此，对于出海企业的管理人员和员工来说，不断提升协作技能，促进跨文化背景下的高效协作，是确保企业在全球竞争中保持优势的必要条件。

和而不同的智慧　/079

跨国协作力的全景模型　/082

战略联盟实现突破：宁德时代借力宝马成功出海　/086

总部协作：全球发展的支点　/091

跨文化跨地域协作　/097

当协作面临冲突：蒙牛与可口可乐的创新型协作　/100

一种特殊的企业协作模式：梦工厂从客户成为商业伙伴　/104

协作力修炼实现全球资源整合与共享　/107

要点小结　/109

## 第四章　领导力修炼：以灵活的方式领导多元化团队　/111

跨文化领导力与传统中式管理存在显著差异，我们既不应自满，也不应自卑。在全球经营中，我们需要掌握跨国管理的策略与方法论，尊重本地化运营，促进不同文化之间的交流与和谐共处。通过灵活的领导方式，我们可以打造多元化的团队，并构建强大的企业组织文化。

企业出海领导者的"修齐治平"　/114

以广阔胸怀拥抱多元化：IBM 的全球领导力　/117

全球标准与本地执行：希音的平衡之道　/121

治理转型与角色修炼：从 CMO 到 CGO 的领导力演变　/124

重新定义成功：社会责任与领导力　/130

安克创新：多元市场的领导力修炼　/134

天生我材必有用：洞察自我，成就领导力　/138

赋能教练法：领导力修炼的艺术　/142

要点小结　/144

## 第五章　影响力修炼：提升品牌影响力才能脱颖而出　/147

在全球化的浪潮中，企业的影响力不仅源于产品和服务的质量，更在于企业在市场中的可见度和品牌认同。影响力是企业生存和发展的关键，企业需以长期主义思维来塑造自身的影响力。建立影响力是一个长期且策略性的过程，涉及有效的内容、积极的传播和品牌塑造，以及与客户和利益相关者的深入互动。在跨文化环境中，理解和尊重不同文化背景下的需求和期望，能帮助企业更好地传达其核心价值，提升市场认可度。对于希望在国际化市场中成功的企业来说，提升影响力不仅是管理层的责任，也是每位员工应共同追求的目标。

影响力的"波纹效应"　/150

出海企业影响力：始于内部利益相关方管理　/152

全球影响力关系模型：可口可乐与比亚迪如何塑造全球影响力　/156

赢得信任：从关系管理到信任构建　/161

内容的魅力：可口可乐与奈飞的影响力策略　/164

小企业的出海影响力：点亮柏林圣诞节的灯　/170

影响力中的声誉管理与风险控制："6R"方法论　/172

B2C 企业的影响力支点：跨境电商　/178

B2B 企业的影响力支柱：赢得大客户　/183

要点小结　/186

## 第六章　数智力修炼：从数据驱动迈向人工智能驱动　/189

在全球化浪潮中，数字化转型已成为企业出海的必然选择，而数智力正是每位国际化从业者不可或缺的核心能力。借助大数据、人工智能等技术，企业能够精准洞察市场趋势，优化决策，提升效率，实现更高效的市场覆盖与用户转化。修炼数智力不仅在于掌握数字化工具和技术，更在于以数据驱动策略、实现业务的智能赋能，为企业在跨文化环境中的成功提供坚实支撑。因此，无论身处何种岗位，企业出海人员都应将数智力视为迈向国际市场并在人工智能时代取得成功的必经之路。

数字化转型与中国智造的全球化　／192

企业数据驱动文化的"ABCD法则"　／194

数字·数质·数智：亚马逊和金蝶国际的跃迁之路　／199

企业出海业务增长的"七种武器"　／204

出海O2O：Temu的一体化模式　／212

迈向人工智能时代的出海　／217

成为"国际数智人"　／220

要点小结　／222

# 第七章　合规力修炼：出海的基本盘是合规　／223

在全球化的商业环境中，合规不仅是企业出海的必然要求，更是企业迈向国际市场的核心竞争力之一。面对各国日益复杂的法律法规、道德规范和社会责任要求，企业不仅需要具备全面的合规意识，还需建立系统的合规管理体系，以避免风险、提升信誉。修炼合规力，不仅在于遵守规则，更在于构建以责任为核心的企业文化，尊重流程的规范性，拥抱数字化的合规创新，并积极承担企业公民的社会责任。唯有如此，企业才能在跨文化的全球市场中游刃有余，实现可持续发展的同时，赢得长远的信任与尊重。

出海管理法则的第一条：合规先行　／226

合规无小事，责任贯全球　／228

以人为本的合规文化　／232

用"3C法则"构建生态合规：苹果与大疆创新的成功之道　／236

尊重流程：守住合规底线的关键　／239

从规避风险到创造价值：数字化合规之路 /241

全球化中的企业社会责任：合规的更高境界 /246

要点小结 /251

# 后记 /253

# 致谢 /257

# 第一章

# 探索力修炼：先解决去哪里的问题

在全球化竞争加剧的时代，探索力已成为企业成功出海的基础能力。通过深入洞察市场动态并紧密围绕客户需求进行系统化探索，企业能够准确把握市场趋势，制定更契合本地化的战略，从而抢占先机，提升竞争力。探索力的修炼不仅关乎数据的采集与分析，更在于以客户为中心的深度思考和敏捷应变能力，为企业在多变的国际市场中成功奠定基础。因此，无论身处何种职位，出海企业的每一位成员都应将探索力视为赢得全球市场并实现长期发展的关键能力。

工欲善其事，必先利其器。探索力是企业成功出海的基石，而系统性的市场研究与充分的前期准备，则是企业迈向国际化的第一步。古今中外，无论是个人的冒险还是组织的战略行动，行动前的"预"——即探索与规划，都被证明是决定成败的关键。

对于出海企业来说，仅凭热情和直觉是远远不够的。国际市场的复杂性要求企业运用科学的方法论，全方位、多维度开展探索。比如，企业不仅需要充分了解目标市场的文化、经济与法规环境，还需掌握竞争对手的动态，并结合自身的核心能力制定清晰的战略。以客户为中心的理念在探索过程中尤为重要，只有深入挖掘客户的真实需求、关注客户的痛点与期望，才能确保市场策略的精准落地。

资源有限、资金不足往往是企业出海初期面临的挑战，但这并不意味着探索力会因此受限。通过运用诸如"航船理论"这样的系统分析工具，企业可以高效梳理目标市场的关键要素，为决策提供科学依据。同时，通过优化内部资源配置和激发团队的探索意识，企业能够在全球市场的激烈竞争中抢占先机。

探索力不仅仅是市场营销部门员工需要具备的能力，也是企业每一位员工都应具备的能力。每位员工都应成为探索的主体。通过构建一套以客户为导向的探索体系，企业不仅能在短期内找到市场突破口，更能在长期建立稳固的国际化竞争优势。只有坚持科学探索、系统准备，企业才能在国际市场的风浪中扬帆远航。这正是探索力修炼的核心价值所在。

## 走向跨国经营之路

很多企业将出海视为一种特殊的经营现象，但如果我们放大视角，从全球化的高度来看，出海实际上是企业迈向全球化的一部分，而这条路径并非中国独有。事实上，跨国经营是全球企业在技术进步、市场扩展和资源优化中逐步形成的一种必然选择。

以美国为例，早在20世纪60年代，美国企业便开始大规模跨国产业转移。1960年，美国跨国公司的对外投资份额占到了全球总规模的一半。GE、IBM、宝洁等大众耳熟能详的品牌在这一时期纷纷布局全球主要市场。技术革命、劳动力成本上升、能源价格波动以及环保要求的提高，也促使美国企业通过跨国经营优化产业链布局。与此同时，这一趋势也推动了"亚洲四小龙"在20世纪60年代至90年代的崛起。

同样，英国、德国、法国、荷兰、瑞士等发达国家也在全球化进程中扮演了重要角色。例如，德国的化工、钢铁和现代汽车产业，德国品牌在全球范围内建立了强大的市场存在。尤其是在中国，德国企业不仅带来了先进的产品技术，还为改革开放中的中国注入了经营管理经验和专业人才，这对中国产业升级产生了深远影响。

亚洲邻国日本的经验也值得特别关注。从20世纪90年代至今，日本经济在全球化浪潮中持续受益。1996年至2022年间，日本对外直接投资规模增长了8倍，占其GDP总量的比重从7%提升至超过40%。[①] 尤其是汽车、医药、服装等行业，通过出海，日本不仅实现了经济复苏，还在国际市场上打造了诸多具有全球影响力的品牌。这

---

① 数据来源：日本内阁府，民生证券研究院。

些品牌为日本赢得了正面的国家形象和广泛的国际认可。

中国企业如今正在走类似的全球化之路。随着越来越多的中国企业从简单的产品出口转向复杂的跨国经营，它们在国际市场上探索的不仅是销售机会，更是在塑造品牌、积累经验、融入本地生态中寻找长远发展的可能。无论是技术的输出还是文化的传播，中国企业都有着巨大的潜力。

美国、欧洲和日本企业的跨国经营经验表明，成功的全球化路径离不开对市场动态的深刻洞察、以客户为中心的策略制定以及长远的战略布局。这些方法论不仅是历史的总结，更是中国企业在出海过程中可以借鉴的重要资源。面对激烈的国际竞争，中国企业需要从这些经验中汲取灵感，同时结合自身特点，走出一条属于自己的全球化道路。

在中国，出海的趋势已经到了一个爆发点，潮流涌动，众多企业顺势而为，开启了探索阶段。但中国企业的出海真的是刚刚开始吗？事实上并非如此。

改革开放40多年间，众多中国企业踏上了各式各样的国际化征程（表1-1）。回顾这些历程，不仅能为企业提供宝贵的经验借鉴，还能为不同类型的企业注入新的发展动力。

表1-1 中国企业出海的四个阶段

| 时间段 | 标志性事件 | 代表企业 | 企业类型 | 行业类型 |
| --- | --- | --- | --- | --- |
| 1980—2000年 | 外贸兴起，出口创汇 | 中石油、中石化、中化、五矿进出口 | 国企 | 以石油石化为代表的能源行业 |
| 2001—2010年 | 中国加入WTO，大量的海外并购事件 | 华为、海尔、海信、联想、徐工 | 国企、大型民营企业 | 电子、家电、工程机械 |
| 2011—2019年 | "一带一路" | 小米、OPPO、阿里巴巴、比亚迪、晶科能源 | 大中型民营企业 | 电子、家电、汽车、互联网、光伏能源 |

续表

| 时间段 | 标志性事件 | 代表企业 | 企业类型 | 行业类型 |
|---|---|---|---|---|
| 2020年—至今 | "双循环"、跨境电商、新出海概念 | TikTok、Temu、安克创新、希音 | 大、中、小企业 | 跨境电商以及更广泛的行业 |

在改革开放初期,中国能源企业(以中石油和中石化为代表),以及交通物流和基建企业,已经踏上了海外发展的征程。这一阶段,这些出海企业在特定领域开始了与各国企业的交流合作。这些企业的国际化步伐,在某种程度上,标志着中国进入了一个全新的时代。

随着中国加入WTO(世界贸易组织),大型民营企业也开始积极拓展海外市场。在家电行业中,一些企业率先走出国门,并采取了较为激进的市场扩张策略。

以海尔为例,2011年,海尔通过收购三洋洗衣机业务,成功进入日本市场;2012年,又收购了Fisher & Paykel,进而占领澳大利亚和新西兰市场;2016年,海尔收购了GE家电业务,顺利进军美国市场;2018年,再收购意大利Candy,拓展至欧洲市场。这四笔重要的收购,为海尔在发达国家市场的全面开拓奠定了基础。经过多年的发展和布局,到2022年,海尔的海外营收占比达到了52%,首次实现了海外收入超过国内收入[1],其业务范围也遍布全球200多个国家和地区。

在中国提出"一带一路"倡议的同时,许多具有强大竞争力的民营企业也开始走向世界舞台。例如,随着智能手机市场的成熟,小米公司在2017年第三季度取得了印度市场份额第一的佳绩[2]。当新能源

---

[1] 2023年4月28日,在2023年AWE高峰论坛上,海尔集团高级副总裁、海尔智家股份有限公司董事长李华刚发言表示,2022年海尔智家(600690.SH)的海外收入占到了总收入的52%,这是首次海外收入超过了国内收入。

[2] 2017年11月14日,IDC公布了2017年第三季度印度手机市场数据。数据显示,2017年第三季度,小米成为印度市场排名第一的智能手机品牌,追平三星,以23.5%的市占率与三星并列第一。

汽车市场兴起时，比亚迪积极布局全球市场，其努力在2023年第二季度得到了回报，比亚迪在东南亚电动汽车市场的销售份额达到了26%，位居榜首[①]。

在后疫情时代，面对复杂多变的国际环境和国内经济转型升级的压力，中国提出了"双循环"战略，即以国内大循环为主体，国内国际双循环相互促进的新发展格局。在这一背景下，越来越多的中小企业积极寻求变革，追随大型企业的步伐，进行产业链的整体转移或主动出海探索新领域，这已成为新时代的主旋律。

例如，快速崛起的跨境电商希音（SHEIN），通过在线平台直接向消费者销售时尚服饰和配饰。凭借丰富的款式、快速的上新速度和极具竞争力的价格，希音成功吸引了众多年轻消费者，在欧美发达国家市场取得了显著成就。同样，安克创新（Anker Innovation）作为中国消费电子品牌，通过亚马逊（Amazon）等全球电商平台和线上线下整合营销策略，迅速提升了品牌知名度。目前，安克创新已稳固其在海外市场的地位，在海外发达国家市场的营收占比超过95%。

## 探索中国企业出海的模式

中国企业在探索目标市场时，可以根据不同时期、企业自身状况和目标策略尝试不同的跨国经营模式。出海并非只有一种模式，而是需要根据企业自身情况选择最合适的方式。为此，我提出一个简化的方法论：按照投资规模和海外构建实体规模两个维度划分，可以概括出以下几种主要方式（图1-1）。

---

① 根据市场调查机构Counterpoint Research的数据。

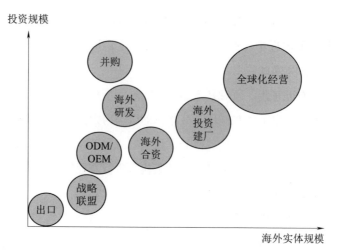

图 1-1　中国企业出海的常见经营模式

## 1. 出口

出口是一种低投资且无须建立海外实体的方式，为国内企业早期接触海外市场所采用，风险也比较低。企业通过出口将产品从本国市场销往国外市场，不在海外设立实体机构。这是最简单和风险最低的国际化经营方式，比较适用于初次进入国际市场的企业以及不需要大量本地化服务的产品。

在 20 世纪 90 年代末以前，中国企业的出口依赖于外贸公司，能源、纺织与化工等初级加工产品占据了出口创汇的主流。这种依赖外贸公司的出口模式存在诸多弊端，比如企业难以直接掌握国际市场信息，缺乏必要的品牌建设和市场营销推广、销售渠道受限等。

随着政策的调整，中国开始逐步放宽对各类企业的进出口经营权审批。这一政策的调整有效促进了企业的国际化发展。越来越多的企业拥有了自主出口权，其中家电企业走在了前列。面对国内家电市场的激烈竞争，海尔很早就把目光转向国际市场，通过出口家电产品进入海外市场特别是欧洲和北美地区。尤其值得一提的是，海尔非常注重品牌建设和市场推广。2006 年 4 月 10 日，海尔与 NBA（美国职业篮球协会）达成了全球性战略合作协议，成为第一个赞助 NBA 的全球家电品牌。近年来，海尔还成为法网罗兰·加洛斯的官方合作伙伴。法网作为网球四大满贯赛事之一，具有百年历史和广泛的影响力。与之合作有助于提升海尔智家在法国的知名度，加速欧洲市场开拓，并夯实在全球市场的领先地位。

## 2.OEM/ODM

OEM（原始设备制造）与 ODM（原始设计制造）是两种常见的合作经营模式，广泛应用于全球化产业链中。许多早期进入中国市场的科技型企业，将其视为市场探索的有效路径，通过本地代工实现成本优化和快速扩张。同时，珠三角地区的中小型家电企业也借助这两种模式，与国际品牌建立合作关系，为其提供代工生产或定制化设计服务。这些企业不仅是全球供应链的重要组成部分，也在与品牌企业的合作中积累了技术与管理经验，为自身的成长奠定了基础。

富士康作为全球知名的电子产品代工厂商，为众多国际品牌提供 ODM/OEM 服务。凭借其高质量、低成本的制造服务，富士康与多个国际品牌建立了长期合作关系，参与其全球营销战略，成为全球电子产品供应链中的关键一环。

位于中山市的高乐士公司自 2007 年起，就开始为海外知名家电品牌提供 OEM 产品。凭借其精湛的工艺和卓越的性价比，高乐士提供的烤箱产品在欧洲市场广受欢迎，取得了良好的销售业绩。

## 3. 并购

企业通过收购或合并外国企业，可以快速获得市场份额、技术和资源。这种方式能够迅速扩展企业的国际业务，但同时也伴随着高风险和整合挑战。因此，这种方式更适用于资金实力雄厚、希望快速扩张和获取战略资产的企业。事实上，这也是许多大型跨国企业实现快速成长的重要途径。

2005年,联想集团成功收购了IBM的个人电脑业务。这一举措使联想一跃成为全球第三大个人电脑厂商,为其进入国际市场奠定了坚实的基础。通过这次收购,联想不仅获得了IBM的技术和资源,还利用其原有的全球营销体系,大幅提升了品牌影响力和市场份额,从而加速了国际化进程。

同样,字节跳动在拓展海外市场,特别是进入一些发达国家市场时,也采取了并购策略。2017年,字节跳动收购了美国短视频社交平台Musical.ly,并将其与旗下的TikTok(即抖音国际版)进行整合。在随后的营销推广中,字节跳动通过明星代言、病毒式营销和社交媒体活动,成功将TikTok打造成全球最受欢迎的短视频平台之一。

**4. 成立合资企业**

成立合资企业是一种较为常见的海外布局模式。当企业找到合适的海外合作伙伴时,双方共同出资设立新的实体,共同承担投资风险并分享收益。这种方式有助于企业利用本地合作伙伴的资源和市场经验,适用于希望快速获得市场准入或需要本地化知识和资源的企业。

德国宝马汽车,作为全球知名的豪华汽车品牌,对中国市场一直抱有极高的期望。随着中国汽车市场的迅速发展和消费者购买力的提高,宝马看到了中国市场的巨大潜力。然而,进口车高昂的价格和关税等因素限制了宝马在中国市场的销量增长。因此,宝马决定通过与中国本土企业华晨汽车合资,以降低生产成本,提高市场竞争力,进一步拓展中国市场。

在营销模式上,华晨宝马充分发挥了本地媒体传播的优势,提升了公关传播的重要性。同时,利用大数据、云计算等数字化技术,优化了营销策略和客户体验。通过品牌塑造与传播、产品本土化、提升客户服务与体验以及数字化营销等手段，宝马成功在中国市场树立了豪华、运动、创新的品牌形象，并赢得了广大消费者的喜爱和信赖。

中国出海企业在进入国外市场时，也常采取类似的策略。例如，支付宝在进入印度市场时并非一帆风顺。针对这个特定的目标市场，阿里巴巴调整了策略，与印度支付平台 Paytm 合作，共同推动印度市场的电子支付业务。在营销设计上，借助阿里巴巴的技术支持和市场推广，Paytm 迅速占领了印度市场份额，为当地消费者和企业提供了便捷的支付方式。这一合资公司推动了印度电子支付市场的快速发展，并在很大程度上提升了阿里巴巴在印度市场的品牌影响力。

### 5. 海外投资建厂

海外投资建厂是企业贴近目标市场、优化生产和销售的重要方式。通过在目标国家设立生产工厂或制造基地，企业可以利用当地的资源优势，降低生产和运输成本，同时满足本地化需求，提高产品在当地市场的竞争力。此外，这种方式有助于企业灵活应对国际贸易壁垒和关税问题，同时为目标市场带来经济发展和就业机会，从而提升企业的国际品牌形象与市场份额。

以新能源汽车领域的比亚迪为例，其凭借在电池技术上的领先优势，成功进入欧洲市场。比亚迪的纯电动巴士已在欧洲多个城市投入运营，广受好评。为进一步巩固市场地位，比亚迪在匈牙利设立了独立工厂，实现本地化生产，大幅增强了竞争力。在中欧关税争端持续的背景下，比亚迪仍计划在土耳其投资建厂，以扩大产能并规避关税问题。

此外，比亚迪还通过市场营销和品牌塑造进一步巩固其国际形象。在 2024 年欧洲杯中，比亚迪击败了多家欧洲本土品牌，成为唯一的汽车类官方赞助商。这一举措不仅展示了比亚迪创新的电动汽车解决方案，也传递了其环保理念，进一步提升了其在欧洲市场的品牌影响力。

**6. 建立战略联盟**

建立战略联盟是企业出海过程中一种灵活且低风险的合作模式。通过与外国公司建立非股权形式的伙伴关系，企业可以分享资源与能力，以实现共同的战略目标。这种方式投入资源较少，同时保持了较高的灵活性，尤其适合需要特定技术或市场进入能力的企业。此外，这种松散型合作关系操作性较强，对提升企业在目标市场的品牌影响力尤为有利。

战略联盟作为一种历史悠久的跨国合作模式，经典案例当属麦当劳与可口可乐的合作。自 1955 年麦当劳开设第一家餐厅起，可口可乐便成为其官方饮料供应商。这一合作关系不仅建立了双方品牌的强大联系，更通过联合广告、全球体育赛事（如奥运会与世界杯）的联合赞助、数字化营销协作和公益活动，实现了品牌互补与协同效应，显著提升了市场竞争力与消费者忠诚度。

在中国企业开拓东南亚市场的过程中，战略联盟也被广泛应用。例如，阿里巴巴通过战略投资与合作，与东南亚电商平台 Lazada 建立了深度联盟关系。阿里巴巴为 Lazada 提供了丰富的电商运营经验和技术支持，尤其是在大数据分析、精准广告投放和本地化营销策略方面，为其注入了强大的竞争力。借助这一合作，Lazada 不仅迅速提升了市场份额，还为阿里巴巴进一步开拓东南亚市场奠定了坚实基础，实现了双方资源共享与优势互补的共赢局面。

**7. 建立海外研发机构**

在全球化进程中，建立海外研发机构已成为高技术企业开拓国际市场的重要策略之一。尤其是计算机通信、生物科技等领域的大中型企业，通过借助目标市场的优秀人才资源与政策支持，创建具有战略意义的研发基地，不仅能整合全球创新资源、提升研发能力，还能实现更贴合当地需求的产品设计与市场渗透。然而，这种模式通常需要较高的投资成本，且短期回报不确定，更适合具备长期战略眼光的企业。

腾讯的国际化历程展现了海外研发机构的重要性。自2018年以来，腾讯在欧美等地设立了多个研发中心。这些机构不仅专注于技术创新，还深入研究本地市场需求，为产品本地化提供支持。以国际版微信（WeChat）为例，腾讯通过优化用户体验和精准市场营销，成功吸引了大量全球用户，使微信从一个区域性社交工具成长为一个备受欢迎的国际化平台。

通过设立海外研发机构，企业不仅能提升自身的全球竞争力，还能深入目标市场，通过技术创新和本地化解决方案满足客户需求，从而实现品牌的国际化升级和市场的可持续增长。

## 8. 建立全球化经营实体

对于大型跨国企业来说，在全球设立分公司不仅能扩大经营规模，还可以帮助企业深度覆盖目标市场，获取必要的技术资源和创新能力。同时，这种模式为企业提供了分散风险的机会，尤其在新兴市场还能够抓住增长红利。全球化经营实体的建立是技术驱动型和市场驱动型企业在国际竞争中取得领先地位的重要策略。

小米是建立全球化经营实体的成功典范。在成立的短短九年内，小米成为最年轻的《财富》世界500强企业之一。其智能手机业务通过全球化经营和本地化策略迅速崛起，成功进入了100多个国家和地区，在其中51个市场的占有率位居前三[1]。

---

[1] 根据Canalys数据，按照2023年出货量数据。

对于中国的出海企业来说，选择适合的出海方式需基于自身情况进行审慎评估。大型企业通常能够采取一种或多种策略来拓展市场，如在建立海外运营实体的同时拓展合作联盟，这是跨国公司常见的做法。但对于众多中小企业而言，采取适合自己且循序渐进的策略更为稳妥，可以有效避免大规模投入带来的高风险。

同时，出海企业必须制订清晰明确的计划，并进行细致的探索。缺乏充分准备和计划的盲目出海，往往容易导致失败。

## 反思盲目出海：从失败中汲取探索的智慧

与企业界朋友交流时，我深刻感受到，许多企业的出海决策往往带有盲目性和被动性。

例如，有些企业受到"出海热潮"的推动，在对海外市场缺乏深入了解的情况下仓促上阵，因不了解当地法规而受阻；有些企业过度依赖国内市场成功的经验，未能意识到目标市场对产品的接受度与国内市场存在差异，导致"水土不服"；还有些企业在资金与人才准备不足的情况下盲目扩张，最终资源无法跟进，造成投资烂尾；更有企业忽视风险管理，对于市场波动和汇率变化的预判不足，导致损失惨重。

以下三个案例可以为我们提供深刻的警示。

### 案例1：摩拜单车海外失利

摩拜单车作为"中国新四大发明"之一，在国内市场取得巨大成功后尝试出海扩展。2017年我在澳大利亚悉尼出差时，悉尼街头已经出现了摩拜单车。然而，摩拜单车的出海尝试最终以失败告终，亚太地区的运营团队被解散。其失利的原因，主要可以归结为以下几个方面：

- **战略失误，缺乏探索调研**：未能充分评估海外市场的实际情况，如市场规模、监管环境、消费者习惯等，对于出海目标市场缺乏深刻的调研。
- **本土化不足**：未能根据海外市场的特点及时调整产品和服务的设计，未能及时调整本土化的运营策略，以至于无法满足当地用户的需求。
- **资金与营销乏力**：海外市场开拓需要大量资金，摩拜单车的资金压力与营销短板制约了其市场推进。

摩拜单车的失败表明，出海前的充分探索和战略筹备是成功的必要条件。

### 案例2：某通信企业折戟北美市场

一家在国内市场拥有强大优势的通信企业曾尝试进入北美市场，希望凭借其技术优势迅速占领市场。然而，其雄心勃勃的扩展计划却遭遇了严重挫折，存在的具体问题如下：

- **法规遵从不足**：企业在进入北美市场时，对当地复杂的法律法规缺乏深入研究，未能建立完善的合规机制，导致后续业务频繁触及监管红线，最终被当地政府制裁。
- **本土化策略缺失**：该企业在海外市场上的产品和服务，明显缺乏针对当地市场的探索和必要的本土化调整。这导致其在满足当地消费者需求、适应文化习惯等方面存在困难。与本土竞争对手相比，这家企业的产品和服务显得格格不入，未能充分融入当地文化，因而难以赢得市场青睐。
- **外部压力与信任危机**：随着全球对网络安全问题的关注度不断提升，一些国家担心这家企业的设备存在安全隐患，可能威胁到其国家安全。在关键市场面临安全性和技术独立性的质疑，这进一步加剧了这家企业市场拓展的困难。

- **资源调配失衡**：在资金和人力投入上，企业因资源过于分散，导致其运营和管理上的挑战，继而未能对北美市场进行持续性支持，扩展计划被迫缩减甚至终止。

该案例再次提醒我们，中国企业在出海过程中必须做好充分的准备工作。只有深入了解目标市场的法规、文化、消费者习惯等实际情况，制定有针对性的战略和计划，才能确保在海外市场上取得成功。同时，企业还需要注重本土化调整和技术创新，以适应不断变化的市场需求和技术趋势。

### 案例3：某家电企业在中东市场的"水土不服"

一家国内知名的家电企业，凭借价格优势和技术创新，曾在国内市场取得了卓越的成绩。然而，其试图拓展中东市场的努力却因多方面准备不足而未能如愿，主要问题包括：

- **市场调研不充分**：该企业未能深入了解中东市场消费者的文化习惯和使用偏好。例如，中东地区消费者对空调、冰箱等家电产品的功耗要求极高，但该企业的产品并未针对高温环境和能源使用习惯进行优化，导致产品性能无法满足市场需求。

- **品牌传播不匹配**：企业选择沿用在国内市场成功的品牌营销策略，忽略了中东市场的宗教文化背景和价值观。例如，其广告语及产品包装上的某些图案，被当地消费者认为缺乏对宗教的尊重，甚至引发了抵制情绪。

- **物流与售后支持不足**：中东地区的地理环境和物流网络较为复杂，而该企业在初期未能建立完善的供应链和售后服务体系。消费者购买产品后，遇到问题得不到及时解决，导致该企业口碑迅速下滑。

- **忽视合作伙伴的重要性**：该企业未能与本地分销商、零售商建立深度合作关系，而这些合作伙伴在中东市场的渠道和资源至关重要。

孤军奋战的策略使其很难获得市场份额。

最终，该企业不得不收缩在中东市场的业务，并重新审视其全球化战略。

探索力不仅是企业出海的起点，更是通往成功的必由之路。在全球市场环境日益复杂和竞争日趋激烈的背景下，仅凭直觉或机会主义已经无法确保企业在海外市场的立足与发展。

成功的出海探索需要企业具备深刻的洞察力和系统的规划能力。这不仅包括对目标市场的深入研究，还需综合考虑文化、法规、消费者需求以及技术和资金等多方面的因素。那么，在这股出海大潮中，企业如何避免盲目跟风和准备不足，实现真正高效、可持续的探索？

答案是，既需要方法论的指引，也需要实践中的不断试错与优化。接下来，我们将通过一系列系统化的原则，探讨如何提升企业的探索力，从而在复杂多变的全球市场中找到突破之道。

## 出海探索原则：海尔的海外探索三部曲

中国古训云："凡事预则立，不预则废。"这句话揭示了筹划与准备的重要性。而对于企业来说，出海的本质是迈向全球化经营的关键一步，那么"预"的核心，正是对海外市场的调研与探索。

为了帮助企业在准备出海和早期出海阶段做好充分准备，我总结提出了"RMB探索原则"（图1-2）。这里的"RMB"指的是一种专为开拓海外市场设计的方法论框架。这一方法论涵盖了研究（Researching）、市场营销与传播（Marketing Communication）及品牌优化（Branding）三个关键要素。

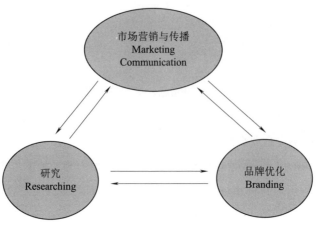

图1-2 RMB 探索原则

值得注意的是，这三个要素并非静态的，而是需要随着市场动态不断调整。对于出海企业而言，灵活运用这套方法论，既是应对海外市场复杂性的必然选择，也是提升全球竞争力的有效路径。

## 1. 研究（Researching）

研究是"RMB 探索原则"的第一步，它涉及全面的市场分析和洞察。这一阶段的关键在于了解目标市场的细微差别、消费者行为以及竞争格局。具体包括：

- 市场分析：通过数据收集和分析，了解目标市场的规模、增长潜力和主要趋势。可以通过各种工具和平台，如市场研究报告、行业分析和市场调查来完成。

- 消费者洞察：研究目标市场的消费者行为和偏好，了解他们的需求、购买动机和消费习惯。包括人口统计数据、心理学特征和购买模式。

- 竞争分析：识别和分析主要竞争对手及其市场策略，了解他们的优势和劣势，从而找到自身的竞争定位和差异化策略。

- 法规和文化理解：研究目标市场的法律法规、文化习俗和商业惯例，确保产品和营销策略能够符合当地要求和文化背景。

　　研究阶段是出海准备的起点，需要企业认真对待。当企业拥有足够洞察力的时候，才能做到"预则立"。

## 2. 市场营销与传播（Marketing Communication）

　　市场营销与传播是"RMB 探索原则"的核心，其目标是通过高效的沟通策略和渠道，将品牌和产品信息精准传达给目标市场的消费者。其中，关键要素包括：

　　• 客户关系管理（CRM）：建立和维护客户数据库，进行精准营销和客户关怀，提高客户忠诚度和重复购买率。

　　• 数字营销：利用社交媒体、搜索引擎优化（SEO）、内容营销和付费广告等数字渠道，提升品牌知名度和市场覆盖率。例如，利用脸书、Instagram 和 TikTok 等平台，通过内容创作和网红合作，吸引和与目标受众互动。

　　• 多渠道传播：结合线上和线下渠道，进行全面的市场推广。线上渠道包括电商平台、品牌官网和社交媒体，线下渠道包括展会、路演和本地媒体。

　　• 公关与媒体关系：通过新闻发布、媒体采访和公关活动，建立和维护品牌形象，提升品牌的公信力和美誉度。

## 3. 品牌优化（Branding）

　　品牌优化是"RMB 探索原则"的最终环节，其目的是塑造并增强品牌在市场中的竞争力和长期价值。这主要包括以下几个方面：

　　• 品牌定位：确定品牌在目标市场中的独特定位和价值主张，确保品牌形象与目标消费者的需求和期望一致。

　　• 品牌一致性：确保品牌在所有接触点（如产品包装、广告、客户服务等）上的一致性，建立统一和强有力的品牌形象。

• 品牌故事：通过讲述品牌故事，传递品牌的核心价值，引起情感共鸣，增强消费者的品牌认同感和忠诚度。

• 品牌监测和反馈：利用市场调研和消费者反馈，不断监测和评估品牌表现，及时调整和优化品牌策略。

如果用一个形象的比喻来说明，"R"是企业探索海外市场的千里眼与顺风耳，帮助洞察市场先机；"M"是企业的披荆斩棘剑，推动营销与传播的有力工具；"B"则是企业的定海神针，确保品牌长期稳健发展。

在"RMB 探索原则"的执行过程中，出海企业还需对项目的实施效果进行全面评估，并将评估结果及时反馈到战略制定的起点。这不仅能够监控绩效、审核风险，还能帮助管理层在必要时迅速调整战略方向，确保目标的有效达成。

事实上，每一次评估都是对企业战略的一次优化。无论是产品不符合目标市场需求、推广效率不高，还是人员配置不合理，这些问题都需要通过反馈机制进行调整。持续优化的过程，是企业在全球市场中不断进化的关键所在，也为下一阶段的执行奠定坚实基础。

我们可以以海尔为例，了解这家企业如何遵循"RMB 探索原则"成功开拓海外市场。

## 案例：海尔的探索三部曲

海尔，从一家位于中国青岛的小型冰箱制造厂起步，如今已成长为全球知名的家电巨头。2021 年，其海外市场收入首次超过国内市场，标志着海尔正式跻身全球大型跨国企业的行列。

海尔的成功，也遵循了"RMB 探索原则"，特别是在其开拓欧美市场的过程中，这一方法论发挥了至关重要的作用。

**研究：深入洞察本土需求，打造差异化产品**

在进入欧美市场之前，海尔进行了详尽的市场调研，并据此打造出满足当地用户需求的产品。

• 欧洲市场调研：海尔发现欧洲家庭普遍养宠物、铺地毯，对吸尘器的需求不仅在于清洁效率，更在于防止毛发缠绕。基于这一洞察，海尔研发了 Hoover HL5 真空吸尘器，其创新之处在于专门开发的刷毛和天鹅绒刷条，有效解决了毛发缠绕问题，深受欧洲家庭欢迎，并获得了行业认可与奖项。

• 以客户需求为中心：海尔还发现欧洲消费者更注重节能和环保，于是研发出一系列绿色家电产品。此外，针对欧洲消费者对智能家居产品的偏好，海尔推出了一系列智能化的家电产品。

• 北美市场调研：在进入北美市场前，海尔通过市场调研发现美国消费者对家电产品的需求注重大容量和高性能。海尔根据这一调研结果，调整产品线，推出符合当地消费者需求的家电产品。

• 注重创新的投入：海尔在技术创新上持续投入，截至 2023 年，海尔累计申请专利超过万项，其中发明专利占比显著。这些专利不仅提升了产品的竞争力，还使海尔在国际标准制定中占据了一席之地。例如，海尔参与制定的无粉洗涤技术、防电墙技术等国际标准，进一步巩固了其技术领先地位。

**营销：多渠道营销，提升品牌知名度**

基于市场调研的结果，海尔制定了详细的营销策略，确保产品在目标市场上的成功推广。

• 社交媒体营销：在欧美市场，海尔充分利用社交媒体平台进行品牌宣传。以 TikTok 平台为例，海尔在多个国家推出了 #haierwashingmachine 标签挑战活动，通过特别的随赠品（GiveAway）和年末优惠吸引年轻消费者参与，成功提升了洗衣机销量。这种结合当地风俗文化的沉浸式互动体验，让海尔品牌深入年轻消费者心中（图1-3）。

图1-3　海尔在TikTok上面向马来西亚消费者的社交传媒营销推广

• 赛事赞助与品牌合作：海尔还通过赞助大型体育赛事和与知名品牌合作来提升品牌曝光度。在英超、法网等重要的大型赛事中，海尔作为赞助商出现，增加了品牌在欧洲市场的可见度（图1-4）。此外，海尔还与当地知名设计师、艺术家合作，推出联名产品，进一步提升了品牌形象。

图1-4　海尔官宣与法网、ATP世界巡回赛达成进一步合作
图片来源：海尔官网

- 线上线下融合:海尔在欧美市场建立了健全的销售网络,涵盖了自营店铺、品牌专卖店、大型零售商及电子商务平台等多种渠道。通过线上与线下的有机结合,海尔成功地覆盖了目标消费群体,增强了品牌的市场影响力。例如,在美国的沃尔玛实体店和网上商店,海尔的产品都获得了显著的展示位置(图1-5)。

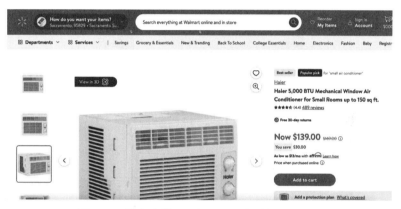

图1-5　海尔在美国沃尔玛网上商城的产品展示

**品牌:树立高端品牌形象,赢得市场认可**

通过持续的品牌建设和维护,海尔在全球市场树立了强大的品牌形象。

- 海尔在欧美市场坚持高端产品定位,通过推出高品质、高附加值的产品来满足消费者对品质生活的追求。例如,在欧洲市场,海尔推出的R290环保冷媒产品阵容(图1-6),不仅响应了环保趋势,还提升了品牌形象。
- 优质服务体系:海尔建立了完善的售后服务体系,确保消费者在购买产品后能够享受到全方位的服务。在欧洲市场,海尔的售后服务网络覆盖广泛,提供星级一条龙服务,赢得了消费者的广泛好评(图1-7)。

图 1-6　2024 年海尔热泵热水器新品：Haier 海尔 M7 系列 R290 热泵热水器 250L
图片来源：海尔官网

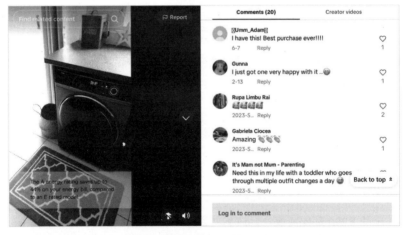

图 1-7　海外用户在社交媒体上对海尔的好评

• 社会责任与可持续发展：海尔集团积极承担社会责任，推动可持续发展战略。公司实施了"6-Green"战略（图 1-8），涵盖"绿色设计、绿色采购、绿色制造、绿色经营、绿色回收、绿色处置"六大方面，以实现产品全生命周期的减碳目标。这种负责任的企业形象有效提升了海尔的品牌美誉度。2023年2月1日，海尔荣登《财富》杂志"全球最受赞赏公司"榜单，位列家电家居行业首位。

图1-8　海尔的"6-Green"战略
图片来源：海尔官网

**海尔海外探索成就**

• 市场份额：根据《福布斯》中国2024年3月28日的数据，在欧洲市场，海尔智家实现销售收入285.44亿元，同比增长23.9%，零售量份额提升至9.1%。在澳新市场，销量份额增长1个百分点，零售额份额增长0.7个百分点。

• 品牌荣誉：海尔智家在欧洲市场屡获殊荣，如ERT大奖的"最佳供应商/客户服务高度推荐奖"和"最佳新品奖"等，这些荣誉进一步巩固了海尔在欧洲市场的高端品牌形象。

• 全球化布局：截至2023年底，海尔在全球设立了35个工业园、143个制造中心、126个营销中心，覆盖超过23万个销售网点，形成了强大的供应链、制造和销售网络（图1-9）。

海尔通过"RMB探索原则"三步方法论成功开拓了欧美市场，树立了高端品牌形象并取得了业务上的巨大成功。海尔的案例为中国企业出海提供了宝贵的经验和启示：只有深入了解本土需求、创新营

图 1-9 海尔的全球化网络布局
图片来源：海尔官网

销方式并树立高端品牌形象，才能在激烈的国际竞争中脱颖而出。

对中国出海企业而言，"R"既是探索的起点，也是最具挑战的环节。如何通过精准的研究与调研为决策提供支持，将决定企业是否能在全球市场迈出坚实的第一步。

## "航船理论"：全方位分析出海环境

提到市场研究，许多企业的第一反应是"需要投入巨资"。有些企业抱怨，日常压力巨大，既没有预算也缺乏专门的部门；有些企业则盲目模仿同行，试图复制现有的成功样本；还有企业认为，与其花时间研究市场，不如直接试水，卖卖产品再说——毕竟，当年在国内就是这样成功的。

这些看似省时省力的方法，实际上隐藏着巨大的风险。

国际市场的复杂性远超国内市场，把国内的成功经验直接复制到其他国家，无异于孤注一掷。

企业在出海前，必须进行全面且深入的战略分析。需要强调的是，这种分析应聚焦于战略层面的梳理，而非局限于战术层面的细节探讨。

# 第一章 探索力修炼：先解决去哪里的问题

为了帮助企业更系统地理解出海前的准备工作，我设计了"航船理论"（图1-10）。将企业比作一艘大船，水平面以上象征企业已知的内部信息，水平面以下则代表目标市场中的未知信息。分析的核心逻辑如下：

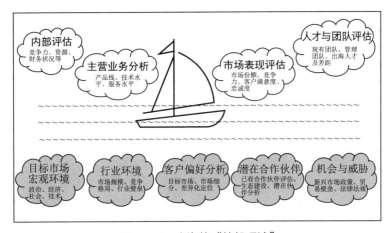

图1-10　出海的"航船理论"

## 水平面以上

从已知内部信息着手评估，企业可以通过内部管理人员成立项目组，根据内部运营的数据库和管理记录做必要的分析和研究。

- 内部评估，包括企业竞争力分析、目前的资源评估、财务状况等，在出海扩张时是否有足够的安全边际。

- 主营业务分析，包括产品线评估，是否需要针对海外市场做定制化的改造，目前的技术水平及是否存在差距，售前售后服务能力与目标市场是否匹配。

- 市场表现评估，例如现有核心产品的市场份额、竞争力以及客户的满意度、忠诚度，同时考察客户与合作伙伴是否存在海外经营的情况等。

- 人才与团队评估，包括现有人才是否满足出海条件，团队领袖是否具有海外市场经验等。

## 水平面以下

针对出海目标进行评估，了解即将进入的目标市场。

- 目标市场的宏观环境：PEST 分析。这是一种国际通行的分析方法，主要用于了解目标市场的经济、政治、社会和技术发展趋势。
- 行业环境：所处行业在海外目标市场的发展情况，是否存在行业替代现象等。
- 客户偏好：海外客户的需求是否与国内客户一致，还是存在显著的差异性？如何进行市场细分？各个细分市场有哪些特定需求？
- 潜在合作伙伴：理想的合作伙伴应具备同样的出海诉求，这样可共同构建一个完整的生态。然而，当企业独自拓展海外市场时，往往需要寻求当地市场战略合作伙伴的支持与协作。
- 机会与威胁：在未来 1 至 3 年内，市场是否存在潜在的引爆点？市场发展的趋势如何？出海后，竞争对手将包括其他国际品牌和本土品牌，企业是否具备足够的竞争力以获取一定的市场份额？

对于以 B2B 业务为主的企业，行业分析报告是不可或缺的参考工具，尤其是国际公认的研究机构发布的权威数据和洞察。例如，在 ICT（信息通信技术）行业，IDC、Gartner、Forrester 等机构的报告常被视为行业风向标。此外，在许多西方国家，还有针对特定产品或解决方案的专业评估报告，这些报告往往对企业级客户的采购决策具有重要影响。在研究方法上，企业应特别关注目标市场中关键决策者和影响者的角色与行为特点，以此制定更加精准的市场营销策略。

对于以 B2C 业务为主的企业和跨境电商，深入的消费者研究是打开目标市场的关键。数据来源多样，包括行业调查、企业年报、海关数据以及第三方研究机构。例如，eMarketer、Statista 和阿里研究院在跨境电商领域具有较高的权威性与专业性，其报告可以为企业制定消费者策略提供有力支持。

无论是 B2B 还是 B2C 业务，对目标市场的深刻洞察都是探索工作的基石。以客户为中心的研究方法，能够帮助企业更精准地识别机会，规避风险。在众多出海企业中，有一些成功案例特别值得借鉴。例如，来自中山的小型家电民营企业高乐士（Golux），正是通过深入挖掘消费者需求，在海外市场找到了独特的增长路径。

## 以客户为中心：高乐士成功探索海外消费者的需求

在企业探索海外市场的过程中，"以客户为中心"是确保成功的关键理念。这不仅是一种战略思维，更是一种企业文化的体现。然而，这句看似无可挑剔的"正确的废话"，在实践中却常常被忽视或误解。

为什么强调以客户为中心？

因为在许多企业的国际化过程中，这一理念经常沦为口号，甚至被完全颠覆。常见的现象是，企业习惯以自身产品的技术优势为导向，或者围绕现有资源和组织架构设计市场策略，更有甚者，单纯按照领导者的偏好行事。这种"自我中心"的方式，表面看起来逻辑清晰，但在面对截然不同的文化和消费习惯时，常常会碰壁。

例如，一家中国企业试图在东南亚市场推出其高端电饭煲，但忽略了当地消费者偏好传统煮饭方式的事实。尽管产品技术领先，销量却远低于预期。相反，那些专注于研究本地消费者需求、开发轻便多功能家电的竞争对手迅速占领了市场。只有真正从客户视角出发，深刻理解他们的习惯、痛点和期望，企业才能在激烈的全球竞争中建立持久优势。

### 客户需求是企业发展的基石

客户是企业生存和增长的动力。只有深入研究目标市场的消费者行为、文化偏好和功能需求，企业才能开发出符合市场特点的产品与服务。例如，不同国家和地区对小家电的设计和功能需求可能差异巨大，针对这些需求进行本地化创新，可以显著提升产品的市场接受度。

### 提高客户满意度与忠诚度

以客户为中心的企业，不仅能够通过精准满足需求提高客户满意度，还可以借此建立稳固的客户关系，提升客户忠诚度。忠诚客户是企业最宝贵的资产，他们不仅会持续购买，还会通过口碑传播为企业吸引新客户，形成良性循环。

### 制定精准的市场战略

以客户为中心有助于企业制定科学的市场战略，确保每一步行动都紧密围绕目标客户的需求。通过分析客户反馈和市场变化，企业能够快速调整战略，提高资源配置效率。这种市场导向的灵活性，特别适用于多样化的国际市场环境。

## 案例：高乐士成功探索海外市场

一踏入中山市高乐士电器制造有限公司的厂区，映入眼帘的是厂房门口用英文书写的醒目的标语："Lead in advance（超前引领）"（图1-11）。中山市素有"家电之都"之称，聚集了超过一万家民营家电企业，而高乐士正是其中一员。

高乐士的创始人梁杰初曾是20世纪90年代末格兰仕开拓欧洲市场的核心成员。2007年，他从格兰仕辞职后创立了高乐士。

图 1-11　高乐士（Golux）厂房入口处醒目的标语

虽然与海尔这样的国际巨头相比，高乐士只是"小企业"，但凭借敏锐的市场洞察力和不断创新的产品设计，它在国际市场上成功闯出了一片天地。高乐士的展览厅内陈列着琳琅满目的电烤箱——高乐士的核心产品。从传统款到创新款，上百种设计独特的烤箱，每一款都为精准满足不同市场消费者的需求而精心打造。

**从 OEM 代工到创新驱动**

高乐士起步时，以为国际大品牌提供 OEM 代工为主。然而，代工业务利润微薄且竞争激烈，这让梁杰初意识到必须通过创新寻找突破口。他深入研究欧洲消费者的使用习惯，发现传统的嵌入式烤箱存在体积大、电耗高、不易清洁等问题，而年轻一代消费者则更倾向于小巧、环保、易清洁的产品。针对这一需求，高乐士推出了高性价比的台式小烤箱（图 1-12）。这种轻便、易用且节能的产品迅速在欧洲市场获得了认可，成功打开了销路。

**创新推动模式变革**

随着电商的兴起和消费者对个性化体验的追求，高乐士再次以创新驱动发展，推出了"DIY 烤箱"。这种烤箱以零件形式售卖，消费

图1-12 高乐士设计的小型台式烤箱在2008年就成功进入欧洲市场

者可以像拼装宜家家具一样亲手组装,不仅满足了消费者的动手乐趣,还显著降低了运输成本。这一设计特别适合跨境电商和长距离物流,帮助高乐士在全球市场进一步拓展。

**差异化需求带来的市场突破**

在开拓新市场时,高乐士始终专注于满足消费者的特定需求。以南非市场的"特型烤箱"为例,该产品充分体现了高乐士对消费者需求的深刻理解。在南非,许多欧洲移民保持着使用烤箱的习惯,而当地丰富多样的饮食文化对家电的功能性提出了更高的要求。在一次与客户的交流中,高乐士团队得知消费者希望能在烤箱上方放置电磁炉,以充分利用空间并实现基本的加热功能。基于这一发现,高乐士团队设计了一款顶部配备两个加热垫的多功能烤箱(图1-13)。这款创新产品迅速赢得了南非市场消费者的喜爱,并成功进入法国、德国等欧洲国家,成为广受欢迎的热门产品。

第一章 探索力修炼：先解决去哪里的问题

图 1-13 高乐士为南非市场设计的"特型烤箱"

**成功之道：以客户需求为核心**

高乐士的成功背后，是对客户需求的深刻洞察与持续响应。从欧洲的环保台式小烤箱，到个性化的 DIY 拼装烤箱，再到功能多样的南非特供烤箱，每一次创新都源于对客户需求的精准把握。这种以客户为中心的战略，不仅帮助高乐士在激烈竞争中脱颖而出，也为其他中小企业树立了典范。

高乐士的故事表明，无论企业规模大小，只要真正以客户需求为导向，就能在全球市场中找到属于自己的舞台。

值得注意的是，即便是在同一细分市场，由于客户的采购周期或对企业产品的熟悉程度存在差异，营销人员必须采用针对性的差异化策略，方能有效展开推广和沟通工作。

在我负责 NetApp 亚太区市场期间，各大区市场团队的负责人每季度都会提交市场计划并申请预算。我经常向每位市场经理询问的问题是："从以客户为中心的视角来看，你的计划主要针对客户需求的哪个阶段？"

负责澳新市场的 Jen 计划邀请悉尼和墨尔本的金融行业客户参观公司的 EBC（Executive Briefing Center，高端客户简报中心），目的是推动销售周期的最后一环。这些客户对公司的产品与解决方案已有深入了解，他们需要的是与公司高层直接对话，通过实际案例和展示，明确合作将为他们的企业带来价值，从而推动采购决策。

印度市场经理 Varun 则计划与微软合作，在班加罗尔拓展基于云存储需求的新客户。这些客户对公司和其解决方案了解有限，仍处于"Awareness"（认知）阶段。Varun 的计划是通过社交媒体营销，如 LinkedIn 的广告；数字化营销，如 Webinar（在线会议），以及各类内容营销来提升潜在客户对公司的认知，进而进一步开发销售线索。

这两个看似迥异的计划，实则有共同之处，即都坚持以客户为中心，围绕客户需求来推动销售周期，从而实现企业的市场目标。

然而，对于众多中小企业而言，迈向国际市场不仅需要洞察客户需求，还要应对资源有限的挑战。特别是在探索阶段，如何将有限的资金精准投入到最具潜力的市场，往往决定了企业能否成功迈出关键的第一步。实际上，有三个指标能够协助企业在这一过程中明确方向，有效解决资金不足的问题。

## 缺乏探索资金？这三个"指数"有大用

面向消费者开店铺的经营者都知道，如果街头旺铺地点不易判断，可以依据该地区麦当劳或星巴克等连锁品牌店铺的数量来辅助选择，这实际上是一种基于市场观察和经验总结的间接方法。这种方法的核心在于，这些知名的连锁品牌通常拥有成熟的选址体系和丰富的市场经验，它们在选择开店地点时会综合考虑多种因素，如人口密度、消费能力、交通便利性、竞争对手分布等。因此，如果一个地区内麦当劳或星巴克等连锁品牌店铺的数量较多，可能意味着该地区的市场潜力较大，消费者需求较为旺盛，从而也可以作为其他企业开店选址的优选区域。

在大量的中小企业出海的时候，营销从业者经常迷茫于缺乏探索的信息渠道，缺少市场研究资金。在这种情况下，我们不妨尝试简单的"借力"法，采用以下三个"指数"对目标国家或者目标市场进行分析判断。

## 1. 支付宝指数

支付宝指数是衡量其在全球使用情况的一个重要指标。通过分析支付宝的用户和交易数据，我们可以了解目标市场数字支付的普及程度和消费者对电子支付的态度。这对于打算进入移动支付或电商领域的企业来说至关重要，对许多 B2C 企业也具有参考价值。

支付宝在东南亚和中东市场有极高的普及率。例如，我在新加坡出差时，每次乘坐出租车，都会发现车上贴有支付宝的付款二维码。相比之下，支付宝在欧美的普及率相对较低。2024 年欧洲杯赛场上，支付宝作为主要赞助商之一，其醒目的广告随处可见，这显示出支付宝正在积极拓展其在欧洲市场的业务。

## 2. 阿里云指数

阿里云指数是评估其在全球市场渗透率和服务使用情况的一个重要指标。通过观察阿里云在各国的数据中心分布和客户使用情况，我们可以洞察该地区云计算市场的需求和数字化转型的进程。这对于提供 SaaS（软件即服务）、PaaS（平台即服务）或 IaaS（基础设施即服务）服务的企业，以及以 B2B 业务为主的企业来说，具有显著的指导意义。

2024 年 6 月 30 日有报道称，阿里云在加大东南亚、墨西哥等地的数据中心投资的同时，决定关闭在澳大利亚、印度的数据中心服务。这一决策对 B2B 企业的目标市场选择产生了重大影响。相较于国内客户，大多数国外客户更倾向于使用 SaaS 服务。因此，那些基于阿里云提供 SaaS 服务的企业需要考虑根据市场变化对其产品市场策略进行必要的调整。

### 3.TikTok 指数

TikTok 指数反映了 TikTok 在全球各地的用户活跃度和内容流行趋势。通过分析 TikTok 用户分布、热门视频和用户互动数据，可以洞察目标市场的社交媒体使用习惯和内容偏好。这对于计划通过社交媒体进行品牌推广和市场营销的企业，尤其是消费品类企业来说，具有宝贵的参考价值。

TikTok 的用户分布广泛，尤其在某些国家和地区展现出极高的活跃度。最新数据显示，TikTok 全球月活跃用户数持续攀升，预计到 2027 年有望达到 22.5 亿。从地域分布来看，美洲、东南亚和中东是 TikTok 活跃用户最为集中的地区，其中美国、巴西、印度尼西亚等国家的月活跃用户数均名列前茅。这一全球性的用户基础为企业在全球范围内开展品牌推广提供了广阔的市场空间。

通过分析上述三个成熟品牌的市场覆盖情况，我们可以对市场份额、用户渗透率等关键指标进行评估和研究，进而了解不同国家和地区的市场友好程度。我编制了一个包含 20 个主要目标市场国家指数的详细表格分析（表 1-2），利用这些分析结果，中小企业可以在一定程度上了解不同国家的市场环境和潜在机会，从而更有效地制定出海策略。这里有两点值得注意：一是由于数据会不断更新，此表格更多是提供一种分析的方法论；二是对于具体的产品，通常需要进行针对性的深入分析。

表 1-2 支付宝、阿里云与 TikTok 市场覆盖分析

| 国家 | 支付宝市场份额 | 支付宝使用普遍度 | 阿里云数据中心 | 阿里云市场份额 | TikTok用户渗透率 | TikTok使用说明 |
|---|---|---|---|---|---|---|
| 日本 | 中等 | 适度使用 | 有 | 中等 | 高 | 非常受欢迎 |
| 韩国 | 中等 | 适度使用 | 有 | 高 | 高 | 非常受欢迎 |
| 印度 | 高 | 常用 | 无 | 高 | 高 | 最大市场之一 |
| 印度尼西亚 | 高 | 常用 | 有 | 高 | 高 | 快速增长 |
| 新加坡 | 高 | 常用 | 有 | 高 | 高 | 广泛使用 |
| 马来西亚 | 高 | 常用 | 有 | 高 | 高 | 非常受欢迎 |
| 澳大利亚 | 低 | 很少使用 | 无 | 中等 | 高 | 各年龄段都很受欢迎 |
| 阿联酋 | 高 | 常用 | 有 | 高 | 中等 | 用户群体不断增长 |
| 沙特阿拉伯 | 高 | 常用 | 有 | 高 | 中等 | 受欢迎程度不断增加 |
| 土耳其 | 中等 | 适度使用 | 无 | 低 | 高 | 广泛使用 |
| 德国 | 低 | 很少使用 | 有 | 中等 | 中等 | 受欢迎程度逐渐增加 |
| 法国 | 低 | 很少使用 | 有 | 中等 | 中等 | 用户基础不断增长 |
| 英国 | 低 | 很少使用 | 有 | 中等 | 高 | 广泛使用 |
| 意大利 | 低 | 很少使用 | 无 | 低 | 中等 | 受欢迎程度不断增加 |
| 西班牙 | 低 | 很少使用 | 无 | 低 | 中等 | 适度使用 |
| 俄罗斯 | 低 | 很少使用 | 无 | 低 | 中等 | 适度使用 |
| 加拿大 | 低 | 很少使用 | 有 | 中等 | 高 | 年轻人中很受欢迎 |
| 美国 | 低 | 很少使用 | 有 | 中等 | 高 | 年轻人中很受欢迎 |

续表

| 国家 | 支付宝市场份额 | 支付宝使用普遍度 | 阿里云数据中心 | 阿里云市场份额 | TikTok用户渗透率 | TikTok使用说明 |
|---|---|---|---|---|---|---|
| 墨西哥 | 中等 | 适度使用 | 无 | 低 | 高 | 年轻人中很受欢迎 |
| 巴西 | 中等 | 适度使用 | 无 | 低 | 高 | 广泛使用 |

备注：

• 支付宝市场份额：指在当地市场中使用支付宝进行支付的市场份额，分为高、中等、低。

• 支付宝使用普遍度：指在当地使用支付宝的普遍程度，分为常用、适度使用、很少使用。

• 阿里云数据中心：指阿里云在该国家是否建立了数据中心，分为有、无。

• 阿里云市场份额：指阿里云在当地云计算市场中的市场份额，分为高、中等、低。

• TikTok 用户渗透率：指 TikTok 在该国家的用户渗透率，即使用 TikTok 的用户比例，分为高、中等、低。

• TikTok 使用说明：提供对 TikTok 使用情况的额外说明，例如用户群体、流行程度等。

## 人人都是探索主体：全员参与的智慧与市场洞察

小米在印度和东南亚市场的成功，让三星和苹果等国际巨头黯然失色；而希音（Shein）在欧美市场的崛起，更是让 H&M 和 Zara 等快时尚品牌难以招架。这样的案例无疑让人感到欣慰和自豪，彰显了中国品牌的创新能力和市场适应能力。它们成功的背后，除了以客户为中心的策略，还离不开全员探索与市场洞察的双轮驱动。

正如管理学大师彼得·德鲁克所言："市场最终决定企业的命运。"在国际市场的广阔舞台上，企业不仅需要精准了解客户需求，还要全面认知市场格局。这种探索，绝非只是市场部门的职责，而是每一位员工的共同使命。企业如同一艘扬帆远航的巨轮，每一个船上的人——

无论是掌舵的船长、洞察风向的导航员,还是奋力划桨的水手——都在其中扮演着不可替代的角色。

**全员探索的三大基石**

在激烈的国际市场竞争中,全员探索的成功取决于三个关键基石:跨部门协作与信息共享、激发员工的使命感与积极性,以及深入的竞争与市场洞察。

**基石一:跨部门协作与信息共享**

市场是动态的,每名员工都有独特的触点和视角,他们的洞察往往能揭示隐藏的市场机会。以小米在印度市场的扩展为例,研发、销售和市场部门的紧密合作发挥了关键作用。研发团队深入调研印度消费者的需求,推出大电池容量、高性价比的本地化产品;销售团队通过深度绑定电商平台,实现覆盖最广泛的用户;市场团队则借助社交媒体精准传递品牌价值。这种跨部门的信息共享,使小米能快速响应市场变化并巩固其竞争优势。

**基石二:激发员工的使命感与积极性**

当员工意识到自己不仅是任务的执行者,更是企业创新的推动者时,他们更愿意主动关注市场动态,提出建设性意见并贡献创意。希音的"数据驱动+全员参与"模式便是一个典型例子。通过实时监测消费者的偏好数据,希音快速调整产品设计与供应链响应,确保新品上线周期远短于传统快时尚品牌。同时,员工的积极反馈和创意建议,也不断推动产品和运营模式的优化。这种使命感与积极性,帮助希音在激烈的国际市场中脱颖而出,赢得欧美消费者的青睐。

**基石三：竞争与市场洞察的深度分析**

在国际市场中，中国企业必须避免简单的对标竞争，而应秉持开放的心态，深入了解竞争环境和行业趋势。例如，海信在欧洲市场的成功，正是得益于其对竞争对手的深刻洞察。海信一方面通过 SWOT 分析[①]明确自身的优势和改进空间，另一方面结合波特的"五力模型"评估行业竞争态势，从而为自身制定了差异化的市场策略。凭借本地化的运营和精准的市场定位，海信成功在欧洲电视市场占据了重要份额。

## 建立开放与协作的文化

无论是竞争分析还是市场探索，企业都需要以全员为主体，建立开放、协作的文化。"战略是一场对话，而不是指令。"[②]企业领导者需要营造一种环境，鼓励每位员工参与到探索和市场分析中，形成自上而下与自下而上的良性互动。

在全球化的舞台上，探索力不仅是一种能力，更是企业生存与发展的必然选择。全员探索、市场洞察和竞争分析如同三股强大的动力，推动企业不断向未知的蓝海前进。正如著名物理学家爱因斯坦所言："凡是有价值的事物，最初几乎总是来自大胆的探索。"

在这场探索之旅中，企业不仅需要一位指引方向的领航者，更需要全体成员的齐心协力，将每一次探索转化为推动企业成长的契机。企业就如同在国际市场航行的巨轮，只有每个人都各尽其职、协同合作，才能在波涛汹涌的竞争中乘风破浪，驶向属于他们的辉煌未来。

---

① SWOT 分析：一种常用的战略规划工具，用于评估组织、项目或个人的优势（Strengths）、劣势（Weaknesses）、机会（Opportunities）和威胁（Threats）。通过这种分析，个人或组织可以更清晰地了解自身在市场或环境中的位置，从而制定出更加有效的策略。

② 此句引用自管理大师亨利·明茨伯格。

## 要点小结

- 过去数十年里,中国企业出海经历了不同的阶段。出海可以采用不同的经营方式,本书梳理了八种主要的模式并列举了中外企业的典型案例。

- 盲目出海往往导致资源浪费和战略失误。本书通过不同行业的三个典型案例,总结了企业在面对市场选择、运营模式以及不同文化环境下消费者习惯的差异时容易犯的错误。

- 企业在探索海外市场时,可遵循"RMB探索原则",即研究(Researching)、市场营销与传播(Marketing Communication)、品牌优化(Branding)三大关键要素。本书以海尔为例,展示了其如何通过系统性探索成长为大型全球化企业。

- 探索市场的第一步是全面研究目标市场环境,采用"航船理论"可以帮助企业有效分析市场机会与风险。

- 客户导向是海外市场探索的核心理念。中山市的小型民营企业高乐士,以贴近消费者需求的实践,成功打开了海外市场的大门。

- 对于资源有限的中小企业而言,可以通过学习和借鉴成熟品牌的成功经验,将这些品牌作为"市场指数",初步筛选并评估目标市场。

- 探索海外市场不仅仅是出海企业管理层的责任,更需要全员参与。充分激发各部门员工的主动性和创造力,将为企业的出海探索提供强有力的支持。

第二章

# 沟通力修炼：在不同文化间建立纽带

在全球化的大潮中，沟通能力是企业与世界交流的桥梁，同时也是出海企业人员在国际市场上必备的基本能力。这种能力不仅涉及信息的准确传递，更体现在对不同文化的深入理解、尊重和包容上。优秀的沟通能力能够跨越语言和文化的障碍，建立信任，推动合作。因此，掌握并不断提高沟通技巧，是出海企业人员的必修课，也是打开全球市场大门的关键。

在全球化进程加速的今天，沟通力已经成为中国企业"走出去"的关键能力。它不仅是语言的转换，更是文化的桥梁，连接不同国家、民族和市场，帮助企业在复杂的国际环境中建立信任、传递价值、实现共赢。

跨文化沟通的核心在于理解与共情。这不仅需要熟悉目标市场的文化习惯，更需要以开放的心态接受和欣赏差异。只有在信任的基础上建立有效的沟通机制，才能避免因文化误解导致的冲突，推动合作的顺利开展。

对于出海企业人员而言，提升沟通力的第一步是了解跨国沟通的独特之处，掌握高效沟通的方法，并在实践中不断优化。无论是面对不同意见甚至冲突，还是在复杂文化情境中寻求共鸣，都需要以提问和倾听为核心，构建真正以"共情"为基础的沟通体系。

沟通力的修炼不仅关乎语言和技术，更是一种思维方式的深刻转变。通过持续的学习与实践，出海企业人员能够以更专业、更高效的方式展现自身实力，为企业在国际市场中奠定坚实的成功基础。唯有不断锤炼这项关键能力，企业才能在全球市场中把握更多机遇，赢得长远的竞争优势。

# 跨国沟通：时间的隐形杀手

随着企业全球化布局的不断深入，海外工作人员需要应对来自多个国家和地区的多样化需求。在这样的背景下，跨区域、跨文化的沟通成为关键环节。高效的沟通不仅能够提升工作效率，还能确保项目顺利推进；沟通不畅则可能导致严重误解、错失商机，甚至对企业整体战略造成影响。

新冠疫情期间及后疫情时代，数字工具的普及进一步加剧了沟通的复杂性和频繁程度。虽然线上沟通在某些方面提升了效率，但面对面交流的减少也为信息传递的准确性、情感理解以及信任的建立带来了新的挑战。

在负责 NetApp 亚太区市场营销工作期间，各类远程沟通占据了我超过一半的工作时间；而在新冠疫情期间，这一比例更是超过了 80%。这一经历让我深刻体会到，跨国沟通不仅是语言的转化，更是如何在不同文化、时区和工作方式中找到最佳平衡，推动协作的艺术。

## 1. 沟通对象繁多

对跨国公司的亚太区营销负责人来说，沟通对象包括总部的各个职能部门，以及亚太区各大区或单一目标市场（国家）的营销负责人；既有市场部门的同事，也有产品、销售、技术、人力资源、财务乃至研发等各部门的合作对象。就外部来说，既有与战略联盟合作伙伴的沟通，有针对成功案例客户的沟通，也有与全球各类营销 Agency（负责执行的代理公司）的沟通。

对于一家典型的出海企业而言，其出海部门的人员需要与内外部的各个部门、上下游供应链、代理商、合作伙伴，乃至跨国客户进行对接，以确保业务的顺利推进。这无疑大大增加了沟通的难度和时间成本。

## 2. 沟通工具多样

从沟通工具来看，远程沟通通常依赖于视频会议，Zoom 或 Teams 是跨国公司中最常用的通信工具。与微软开会时必须使用 Teams，与 AWS 开会时需要使用 Amazon Chime，与阿里云开会时则使用钉钉，与思科开会时使用 Webex，偶尔还有使用 Skype 的情况，国内大部分企业则比较流行采用腾讯会议。因此，出海企业人员的笔记本电脑和手机里需要安装各种各样的应用程序（图 2-1），以应对不同类型的会议需求。

图 2-1　我的电脑设备中各种各样的会议软件

## 3. 沟通语言多样

我在跨国公司工作时，与大中华区同事的会议可以用母语——中文进行交流。台湾同事的中文非常流畅，香港同事的中文则略带广东口音。

在新加坡，许多同事也能说中文，大多数新加坡人在职场中更习惯使用英语这门官方语言进行交流。当然，出于礼貌，新加坡同事在与我开会时会尽量尝试使用中文沟通。此外，我们团队中还有一些来自澳大利亚、中东、印度和马来西亚的同事。在这种情况下，我们会更多地使用英语，特别是在讨论重要战略和细节时，以确保他们能够更全面地理解。因此，这类会议通常采用中英文混合的方式进行。

在多数情况下，我们面临的挑战是适应各种不同口音的英语，尤其是印度英语的发音，这往往需要较长时间来沟通，以减少不必要的误解。克服这一挑战确实存在难度，因为许多印度人说话速度极快，及时澄清就显得尤为重要。同时，日本人的英语发音也可能难以理解，而且不少日本人对自己的英语口语能力缺乏自信，羞于表达，就会在信息交流中造成一些障碍。不过，许多担任重要职位的日本人要么在跨国公司工作多年，或有海外留学经历，甚至本身就是混血儿，因此与他们交流通常不会有大问题。另外，日语体系与中文相似，文化上也有一定的共通性，即便在英文交流遇到困难时，我们还可以尝试其他沟通方式。

### 4. 跨时区安排复杂

在跨国经营中，沟通不仅为了传递信息，更是协调资源、统一目标、构建信任和应对不确定性的关键手段。对于管理者而言，大量跨时区的重要会议已成为他们的"日常"工作。

我在跨国公司工作期间，不管身处中国、新加坡，还是出差在澳大利亚或者美国，日程表上每天都排满了各种会议（曾经有单日超过15个会议的纪录）。每个电话会议的时间从15分钟到一小时不等；一对一的会议比较常见，还有需要我参与协调、讨论等一对多的会议。此外，还有部门的大型会议，用于传达重要信息或审核业务进展。

亚太区内部的时区差异在五个小时以内——悉尼比北京早两个小时（非夏令时），东京和首尔比北京早一个小时，班加罗尔比北京晚两个半小时。如果与美国或欧洲的同事开会,就意味着会议要么在夜间,要么在清晨。尤其是当三个或更多时区的同事一起开会时,必须相互妥协,牺牲某一方或双方的时间,这可能会让会议变得不那么"友好"。

特别是重要的全球全员会议,通常需要安排两个不同的时间段,这意味着需要重复讲解相同的内容。为了尊重各地的同事,我们还会采取"现场直播"的方式,即演讲者面对线上参会者进行实时演讲,而不仅仅使用录播功能。这是因为即便是线上视频会议,现场的实时演讲也有助于及时捕捉听众的反馈,回答各国分公司同事提出的问题,并进行高质量的互动交流。管理者真诚且愿意投入的交流方式,不仅是对员工的尊重,也是跨国沟通的关键所在。

但沟通会议这么多,真的有意义吗?这的确是个问题。

根据麦肯锡的研究,高管们每周大约花费 21 小时在会议上。这一数据不同职能部门可能略有差异,但总体上反映了会议所占用的时长。根据德勒的《首席营销官调查》(The CMO Survey),CMO(首席营销官)们平均每周花费大约 15 小时在内部会议和沟通上,这导致他们在处理其他重要事务时感到时间压力。

沟通和会议在职场中非常普遍,但问题在于,过多的会议占用了每一名管理人员进行战略思考和执行的时间,占用了每一名跨国工作人员的面向客户服务的时间,对个人的时间管理提出了更高的要求。

中国企业"走出去"时,必须特别注意跨国沟通这个潜在的时间"隐形杀手"。真正提升跨国沟通的效率,并塑造一个成功的企业沟通文化,是至关重要的。

## 跨国沟通的"6C 原则"

为提升沟通效率,避免无效交流,我基于多年的实践经验,总结出一套"6C 原则"。这一方法能够显著优化个人及团队的沟通效果,促成高效协作。

## 1.Candid（坦诚）

无论是上下级、同僚还是跨部门之间，沟通时都应保持坦诚和透明，避免隐瞒或曲解信息，并反对背后传递信息。团队内部应鼓励成员表达真实的想法和意见。这种开放的沟通方式有助于建立信任，减少误解，并促进问题的快速解决。

在大多数情况下，坦诚是一种美德。然而，我们也需要考虑到文化环境的差异。不同的文化背景下，人们对坦诚的理解和接受程度可能有所不同。因此，在进行跨国沟通时，我们需要根据不同的文化特点，灵活调整沟通方式，以实现有效且尊重对方的交流。

来自西方国家的同事在沟通中通常较为坦诚直接，在东亚文化环境中，有些国家的同事（如日本）可能倾向于采用非直接的沟通方式。在这种情况下，我们一方面应鼓励直接沟通，另一方面也要多理解对方，采取不同的沟通技巧，或者营造轻松的沟通氛围。当坦诚相待成为公司和团队内部的文化时，特殊文化下的行为习惯就会淡化或者消失。

## 2.Clarity（清晰）

确保信息传达清晰明确。使用简单易懂的语言，避免使用复杂的术语或模糊的表达。明确沟通的目的和期望的结果，使所有参与者都能准确理解信息并作出适当的回应。

虽然英语并非我们的母语，但在跨国沟通的情境下不可避免会使用到。在这种情况下，我们更应坚持使用简单清晰的语言，并鼓励其他国家的同事也采取同样的沟通方式。如果遇到不理解的情况，一定要及时澄清，直到大家达成共识，这样即使有不同的观点，也能做到相互理解和接受，避免误解。

## 3.Courtesy（礼节）

在跨国沟通的环境下，由于参会者来自不同的国家和地区，拥有多样的文化和宗教背景，这要求我们保持礼貌和尊重的态度。这不仅是个人素养的体现，也是实现高效沟通的必备条件。

记得有一次，我被日本市场经理森根邀请参加日本市场部门的全员会议。在会议发言之前，我先说了一段日语，以表达对日本员工的感谢。这样做不仅拉近了我与日本市场部门之间的距离，展现了我的亲和力，还有助于营造融洽的氛围。我作为一个来自亚太总部的代表，展现出高高在上的态度是不必要且有害的。

## 4.Catalytic（激发）

在不同的沟通环境和会议中，我们扮演着不同的角色。管理者应该鼓励团队中的每个人主动分享自己的观点，勇于"抛砖引玉"。将沟通和会议视为推动行动和变化的催化剂，这样可以确保每次沟通都有明确的目的和讨论点，而不是进行无目的的讨论。

在多人参会的场合，由于语言能力的问题，许多非英语国家的参会者可能不太自信，不敢主动发言或承担主导角色。这种情况下，需要特意提前分配任务，由每位参与者公平地轮流担任"facilitator"，即会议协调员的角色。这样一方面可以鼓励相关人员大胆表达，另一方面也是对个人领导力的一种培养。

## 5.Conciseness（简洁）

在大多数情况下，跨国沟通型会议的时间都很长。滔滔不绝的主持人、刚上来就寒暄不止的老熟人、跳出来发表意见的某一位地区经理人、节外生枝的话题等，都可能让原定的会议时间延长，以至于无果而终。

所以，会议的前期准备很重要，需要将关键点浓缩精炼，避免不必要的冗长说明，确保信息接收者能够快速理解并采取行动。

还有一个小技巧，为了确保沟通信息的简洁高效，可以在每次重要会议之前指定一位英语能力较好的同事（通常是负责运营的以英语为母语的同事）担任记录员的同时做"Time Keeper"，即计时员，当会议讨论出现超时情况时及时提醒发言者。

## 6.Committed（承诺）

在每次沟通或会议结束时，确保有明确的结论和下一步行动计划至关重要。总结关键点，确认责任人和截止日期，可以避免沟通或会议结束后出现无效的结果。

信守承诺在跨国经营中极为重要，对每一位出海人员都具有重大意义。这也是企业领导者需要率先垂范并塑造的文化。只有这样，跨国沟通才能收到应有的效果，并实现最初设定的目标。

遵循"6C"原则，即坦诚（Candid）、清晰（Clarity）、礼貌（Courtesy）、激发（Catalytic）、简洁（Conciseness）和承诺（Committed），可以让出海企业的管理人员和各职能部门的工作人员在沟通时既保持专业又充满人性。这样的沟通方式有助于跨国沟通变得更加高效。小米在印度市场的成功就是一个非常好的实践案例。

### 案例：小米在印度市场如何实现高效沟通

**背景概述**

小米自2014年进入印度市场以来，凭借其高性价比的产品和创新的营销策略迅速崛起，成为印度智能手机市场的领头羊之一。然而，面对印度这个多元化、语言复杂且竞争激烈的市场，小米的成长历程并非一帆风顺。

## 第二章　沟通力修炼：在不同文化间建立纽带

2017年，小米计划在印度市场发布一款新手机——Redmi Note 4，这款手机是小米为印度市场特别定制的产品，具有较高的性价比和针对印度用户的优化功能。发布的成功与否对于小米在印度市场的扩展具有重要意义。与此同时，管理团队也发现整个团队遇到了许多重大挑战。因此，如何解决一系列的问题，逐步吸引到印度的主流消费者，并在市场上取得成功，成为摆在小米管理团队面前的重大课题。

**诸多挑战**

• 误解：进入印度市场初期，小米的管理层发现，印度团队在与总部沟通时，常常出现信息传递不畅的情况。这不仅影响了项目进度，也让团队感到困惑和沮丧。例如，在产品定价策略的讨论中，印度团队对于总部提出的建议没有给予明确反馈，导致定价决策的延迟。

• 语言：印度拥有多种官方语言及丰富的地域文化，如何跨越语言障碍，确保准确传达信息，尊重不同的文化是一大挑战。新产品发布会的语言选择成了一个关键问题。虽然英语是印度的官方语言之一，但不同地区的人对印地语、泰米尔语等母语的依赖程度很高。

• 认知度：初期，小米在印度市场的知名度相对较低，需要快速建立品牌认知并赢得消费者信任。

• 竞争环境：印度的市场竞争异常激烈，尤其是在智能手机行业，全球各大品牌如三星、苹果和本地品牌都在激烈争夺市场份额。

• 发布模式：小米团队意识到，只使用英语进行发布可能无法真正打动那些拥有不同语言背景的消费者。此外，小米希望借助直播平台进行线上发布，以扩大覆盖范围，但如何设计直播内容以适应本地化文化，避免生硬的翻译式表达，仍是一个巨大挑战。

**解决之道**

面对这些问题与挑战,小米采取了一系列沟通策略,特别是跨文化沟通,积极践行"6C原则",以确保其品牌信息、产品优势及企业文化能够准确、深入地传达给当地消费者、合作伙伴及员工,最终解决了跨文化沟通的复杂性问题,并在印度市场站稳了脚跟。

1.Candid(坦诚)——建立开放的沟通环境

针对印度团队与总部之间的误解与沟通障碍,小米管理层意识到需要在内部建立更透明的沟通环境。为了避免信息传递不畅,小米通过定期召开跨部门视频会议、加强面对面的沟通来确保双方的理解一致。总部团队还积极鼓励印度团队在遇到不明确的问题时坦率表达,确保双方在关键问题上达成共识,避免误解。例如,针对定价策略的延迟问题,双方通过直接沟通,迅速解决了反馈不及时的问题。

2.Clarity(清晰)——多语言策略,确保信息传达明确

为确保信息在跨国团队间传递的清晰性,小米引入了标准化的沟通模板和工具。例如,在产品发布前,印度团队通过使用清晰的项目进度表和任务分配表,与总部保持一致的沟通和协调。这不仅加快了决策速度,还减少了信息不清导致的错误。此外,小米还在内部推行了定期的沟通培训,提升团队成员的沟通技能。

同时,小米制定了多语言策略,确保不同区域的客户、合作伙伴和员工都能接收到准确、易懂的信息。在新产品发布会上,小米特别安排了多语言支持,使用英语和印地语进行发布,辅以泰米尔语等区域性字幕,确保不同语言背景的观众都能清晰理解产品的优势(图2-2)。他们还精简了技术术语,确保所有消费者都能快速掌握关键信息。

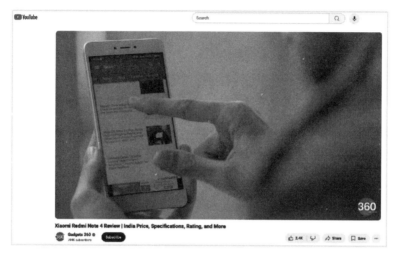

图 2-2　小米 Redmi Note 4 手机在 Youtube 上的评测视频
观看人次超过 90 万

3.Courtesy（礼貌）——尊重文化差异

尊重印度的文化多样性是小米沟通策略的核心之一。在与印度团队和当地消费者互动时，小米始终展现出对本地文化和习俗的深刻理解，并在反馈和讨论中避免过于直接或批评的语气。这种做法赢得了印度团队的信任，并促进了更加顺畅的合作关系。在重要的印度节日期间，小米还策划了本地化的营销活动，通过节日共情与消费者建立更深层次的情感连接。这种尊重文化差异的礼貌沟通方式，不仅提升了小米的品牌认同感，也帮助其在印度市场树立了良好的声誉（图 2-3）。

4.Catalytic（激发）——激发本土团队创造力

小米通过激励措施鼓励印度团队提出创新的市场策略。例如，小米在印度市场的"闪购"营销模式就是印度团队的创意，通过这种策略，小米成功激发了市场需求，并在短时间内创造了显著的销量增长（图 2-4）。总部对这一创意的认可和推广，进一步增强了团队的积极性和创造力。在营销推广方面，小米还鼓励印度本地团队提出创新的市场方案。通过赋权本地团队，小米促成了更加积极的跨文化合作与创新。例如，印度团队根据当地消费者的偏好，建议推出定制化的营销活动与支付方式，并通过及时反馈和总部的高效对接，推动了市场战略的快速落地。

图 2-3　小米在印度的互联网广告利用印度最大的
宗教节日——排灯节（Diwali）进行宣传
图片来源：小米官网

图 2-4　在印度六个月内售出了 500 多万台 Redmi Note 4[①]
图片来源：小米官网

---

①　Xiaomi Sold Over 5 Million Units of Redmi Note 4 in India in Just Six Months. (https://telecomtalk.info/xiaomi-sold-5million-units-of-redmi-note4-in-india-in-just-six-months/166963/).

5.Conciseness（简洁）——提高沟通效率

小米团队意识到，冗长复杂的表达不仅可能引发误解，还会浪费沟通时间。因此，在与印度团队以及消费者沟通时，小米提倡简洁明了的表达方式，力求内容的简洁与精确。在产品发布会和市场推广中，所有的信息都经过精心设计，确保消费者能够在短时间内抓住核心卖点，避免信息过载。对于内部每周的策略会议，小米要求各部门汇报简明扼要、重点突出，以便于迅速决策。这种做法有效提升了会议效率，并减少了信息冗余导致的误解和延误。

6.Committed（承诺）——确保执行到位

小米强调在沟通中承诺的执行力，特别是在涉及关键项目时。总部和印度团队在每次会议结束后，都会明确责任人和时间节点，并通过项目管理工具跟踪任务进展。以小米在印度的售后服务改进为例，印度团队承诺在一个季度内提升客户满意度，通过一系列改进措施，如增设服务网点、优化售后流程等，成功将客户满意度提升了20%。

**终获成功**

小米通过"6C"沟通原则，不仅有效解决了跨文化沟通中的问题，还在印度市场取得了显著的成绩。Counterpoint的数据显示，小米在2018年第四季度成为印度智能手机市场的领导者，占据了29%的市场份额。同时，在印度市场的售后服务满意度调查中，小米的评分从2017年的3.8提升至2018年的4.2分，显示了沟通改进带来的实际效果。

通过成功的跨国沟通实践，小米不仅巩固了其在印度市场的地位，还为其他出海企业提供了一个宝贵的参考案例，展示了"6C"沟通原则在全球市场中的实际应用和价值。

《福布斯印度》在评论文章中谈道："小米在印度的成功传播完全因为他们对于本地文化的适应性以及强大的沟通能力……他们强调沟通本地化，不仅要用印度消费者的语言与他们交谈，还要理解文化差异并建立信任。这使得小米能够在地缘政治挑战中有效地传达他们的信息……小米强调他们对印度的承诺，并雇佣印度人才，从而建立了更牢固的消费者关系。"[1]

## 用一个大大的拥抱消除隔阂：关于商务会面礼仪

在跨文化交流中，理解和尊重各地的礼仪习惯是展现个人职业素养的重要方式，同时也有助于促进与合作者的良好关系。在中国，我们习惯于在会见同事、客户或合作伙伴时握手致意。在海外，特别是在亚太地区之外，我经常遇到人们以拥抱作为问候的方式。

中国传统文化受儒家思想影响较多，许多人性格内敛，甚至有些保守。企业出海者应该对各种文化的历史和渊源充满热情，坚信兼容并蓄的力量与意义。长期的跨国交流也会让人习惯于尊重多元文化。在海外商务场合，我们应该接受不同类型的商务礼仪，包括拥抱。在很多文化中，这是一种与合作方接纳、包容、相互尊重和支持的象征。

2018年，我代表亚太区参加了在美国举行的新财年全球营销战略会。会议吸引了来自全球各职能部门的二十几位负责人，他们多数来自欧美国家，我也是其中唯一的中国人和亚洲人。很多人我之前未曾见过，只通过电话或在视频会议中交流过，这次终于有机会面对面沟通。

面对我这个土生土长的中国人，一些欧美同事在犹豫是否应该用

---

[1] From Forbes India's article "Mister India: Inside Xiaomi's Transformation into a Made-in-India Brand" (published in 2021).

他们习惯的拥抱方式来打招呼，他们半张双臂，眼神中透露出疑问。我并不介意，主动走上前，热情地回应了他们的拥抱。会议开始前的半个多小时里，从拥抱到寒暄，再到各自的介绍，这些互动让整个会议的气氛变得热烈起来。

新冠疫情对从事跨国工作的人来说，无疑是一场灾难。在疫情后期，因工作需求，我必须出国参加一些面对面的战略沟通，尤其是那些需要我在亚太地区主持和负责的重要会议。2022年6月到10月，我出差了三次，包括一次去澳大利亚和两次去新加坡。一些同事知道我们（包括港台地区）有更严格的防疫要求，于是在会前的通知文件中特意加入了一条："请尊重任何佩戴口罩的同事，每个国家（和地区）的疫情状况并不相同。"这让我非常感动，我认为这也是一种尊重差异化的表现。在那几个月里，亚太区同事们的见面寒暄都改为了触碰肘关节的方式。当然，对于多年未见的老同事，我们还是会戴着口罩拥抱彼此。

当我飞回厦门并在酒店隔离时，几位外国同事对我的身体健康和心理状态表示关切。他们通过 Teams（一个社交软件）不时地问候并询问我的情况。有时，他们还会特意轮流召开视频会议，让大家轻松地聊聊天。

拥抱是一种独特的语言。它有时传递的是信任，有时是支持，而更多时候，它代表的是深厚的友谊。然而，沟通的方式远不止拥抱，还包括眼神交流和心与心的沟通。在拥抱的时刻，人与人之间的心贴得更近，所有的防备和隔阂都随之消融。

在大多数跨国商务交往中，根据商务礼仪，拥抱并非必需的礼节。大多数人会选择握手，这符合商务规范（表2-1）。然而，对于那些致力于国际化的企业，以及试图构建一个相互尊重和支持体系的全球性跨国公司而言，在内部创造一种增强信任感的"拥抱文化"能够拉近距离，消弭差异，让尊重多元化变得更为自然。

表 2-1　主要出海目标国家的商务会面礼仪和沟通风格

| 大洲/地区 | 国家 | 商务会面礼仪 | 沟通风格 |
| --- | --- | --- | --- |
| 北美洲 | 美国 | 握手,保持眼神交流,尊重个人空间。称呼对方姓氏(如 Mr./Ms.)。着装正式但不拘谨 | 开放 |
| | 加拿大 | 握手,微笑和眼神交流,通常称呼对方姓氏。气氛相对轻松 | 开放 |
| | 墨西哥 | 握手,亲密的可能轻吻脸颊,气氛较为随和。称呼对方姓氏,注重私人关系 | 开放 |
| 南美洲 | 巴西 | 握手或轻吻脸颊,亲密的见面方式,眼神接触很重要。称呼对方姓氏 | 开放 |
| | 阿根廷 | 握手,亲密的可能会轻吻脸颊,称呼对方姓氏。个人关系非常重要 | 开放 |
| | 智利 | 握手较为正式,关系亲密可能会亲吻脸颊。称呼对方姓氏和职务,注重个人关系 | 中性 |
| 欧洲 | 德国 | 握手且要坚定,注重准时和礼节,称呼时会使用对方的学位或职务 | 保守 |
| | 法国 | 握手或轻吻双颊,称呼对方姓氏,注重外表整洁 | 中性 |
| | 意大利 | 握手、微笑,亲密的可能会互吻脸颊,称呼对方姓氏,讲究仪表风度 | 开放 |
| | 西班牙 | 握手或轻吻双颊,眼神交流很重要,称呼对方姓氏 | 开放 |
| | 英国 | 握手为常规,保持礼貌距离。称呼对方"Mr."或"Ms.",注重礼貌和形式感 | 中性 |
| | 俄罗斯 | 握手有力,称呼时会使用对方姓氏和职务,保持正式,注重权威和地位 | 保守 |
| 大洋洲 | 澳大利亚 | 握手轻松,眼神交流很重要,称呼对方姓氏,气氛通常非正式和随和 | 开放 |
| 亚洲 | 日本 | 深鞠躬或轻鞠躬,握手时保持礼貌距离,交换名片时双手递接。称呼对方姓氏后加"san" | 保守 |
| | 韩国 | 轻鞠躬或握手,年长者优先,双手接名片,强调礼貌与尊重。称呼时使用对方姓氏和头衔 | 保守 |

续表

| 大洲/地区 | 国家 | 商务会面礼仪 | 沟通风格 |
|---|---|---|---|
| 亚洲 | 新加坡 | 握手，保持礼貌和尊重，称呼对方职务和姓氏，气氛较正式但不拘谨 | 中性 |
| | 印度尼西亚 | 握手通常较轻，随附微笑。握手不要太紧，称呼对方名和头衔，保持礼貌与谦逊 | 中性 |
| | 印度 | 握手，用力温和，称呼对方职务和姓氏，个人关系较重要，亲近可能使用"Namaste"手势 | 中性 |
| | 哈萨克斯坦 | 握手较为常见，通常伴随眼神交流，保持温和语气。称呼对方姓名和尊称，注重尊重长者和礼节 | 保守 |
| 中东 | 沙特阿拉伯 | 握手，男性与女性握手少见，眼神交流适度。称呼对方姓氏和尊称，强调正式性 | 保守 |
| | 阿联酋 | 握手轻微鞠躬，男女握手通常避免，眼神交流礼貌。称呼对方全名和尊称（如Sheikh） | 保守 |
| | 土耳其 | 握手通常伴随眼神交流，男性之间比较常见。称呼对方姓氏和职务，重视正式性。气氛一般较为友好和随和 | 中性 |
| | 以色列 | 握手是常见礼仪，较为直接和开放，亲密的朋友可能轻轻拥抱。称呼对方名字或头衔，注重务实和直截了当的交流方式 | 开放 |
| 非洲 | 埃及 | 握手是常规礼仪，特别是男性之间，女性可能选择不握手，称呼对方姓氏和头衔。非常注重个人关系的建立 | 中性 |
| | 阿尔及利亚 | 握手常见，特别是男性之间，眼神交流很重要，男女之间的握手较少见。称呼对方职务和姓氏，商务环境较正式 | 保守 |
| | 肯尼亚 | 握手是主流礼仪，力度轻且伴随微笑，眼神交流适中，称呼对方姓氏和职务。商务环境讲求礼貌与尊重 | 中性 |
| | 尼日利亚 | 握手和眼神交流是常规，称呼对方姓氏和职务。商务礼仪中注重尊重和信任，个人关系非常重要 | 中性 |
| | 摩洛哥 | 握手，尤其是男性之间较常见，握手时应轻微弯腰表示尊重，女性与男性之间的握手较为保守。称呼对方职务和姓氏，礼仪较为正式 | 保守 |
| | 南非 | 握手是主流方式，眼神交流较轻微，称呼对方姓氏和职务。商务环境中讲求尊重与礼貌 | 中性 |

通过表2-1的总结，我们基本上可以了解各大洲主要出海目标国家的基本礼仪，尤其是在见面的时候，遵守这些礼仪可以确保沟通在尊重的基础上有一个良好的开端。

这样看来，跨国交往中的沟通似乎总是美好而简单的，但事实真的如此吗？答案是否定的。

## 冲突和争吵的意义：一场针对日本市场的讨论会

正常的沟通并非永远和谐，恰恰相反，出海企业在跨国沟通中常常面临大量的冲突和争吵。在一个健康的企业文化环境中，这类冲突和争吵被视为企业成长和运营的组成部分。

我观察发现，近一半的冲突和争吵源于双方立场和位置的不同。职位影响视角，环境塑造认知，这在跨国经营中尤为明显。一名大中华区市场部门负责人会尽力争取预算，扩大投入，以满足本地业务增长的需求；在与亚太区相关部门进行预算协商时，会据理力争，力求最大程度地满足目标。然而，站在亚太区CMO的位置，面对数十个区域及目标市场，必须从战略角度考虑优先级目标，同时平衡各区的需求，协调过程中的冲突和矛盾，从更高层次完成战略目标。许多研究者将战略视为公司至高无上的目标，但在跨国经营环境中，战略是分层的。目标市场的战略必须服从整个公司的战略，但为了生存和开拓，目标市场的经营者经常制定"地方战略"。这是跨国营销管理者需要特别考虑的。

这种冲突和争吵会影响同事之间的关系吗？答案是不会。事实上，通过沟通解决彼此的矛盾和看法上的差异，可以促进同事之间的熟悉度、相互理解和包容，甚至加强彼此间的合作。因为职业性决定了基于立场的争吵针对的是事情本身而非个人。所以，如果秉持沟通中的"6C"原则，坚持目标结果导向，这种沟通将改进甚至升华解决问题的方法，提高公司决策的效率。

在跨国沟通中，另外一半的冲突与争吵源于误解。常见的误解包括：文化差异造成的误解、语言表达引起的误解，以及观念不同引发的冲突。

跨国公司面对不同的目标市场也就是不同类型的国家和地区，在沟通中会有大量的交流触及对方的文化、习俗与价值观，而这些差异会导致人们的思维方式和行为模式各不相同。

西方的表达方式较为直接，东方则偏向含蓄。比如，日本员工在与美国同事沟通时，会做大量的铺垫，在涉及重要议题时表达不够直接。一个典型的例子是，某公司日本市场负责人在制订计划时，默认美国总部的内容管理部门会考虑到自身的语言差异而没有提出申请，也没有提及预算问题。结果，内容管理部门的美国同事直接忽略了这一点，导致产品发布前一周进行审核时，网站内容还未进行语言本地化，从而引发了不必要的麻烦。

有时候，即便是语音问题也可能引起不必要的麻烦。例如，印度英语的发音中，类似40和14这样的数字很难区分。因此，在涉及重要数据表达时，最好将4和0、1和4用英文分开讲。此外，为了防止理解上的差异，管理者应该要求部门人员在所有重要沟通结束后，都要做会议记录和总结，并通过邮件确认。

一个专业的跨国营销者需要以开放的态度和方法来面对冲突和争吵，充分利用"6C"原则，对事不对人，努力在沟通中实现双赢。

实际上，跨国企业中日常会议的"冲突"与"争吵"已成为常态。我们可以通过一个案例，了解一家成熟企业如何化解市场战略投入上的分歧。

## 案例：一场针对日本市场的讨论会

**背景概述**

M公司是一家位于硅谷的中型高科技企业，主要致力于帮助客户在云计算环境中提升计算能力。随着其全球化战略的不断推进，日本市场逐渐成为公司增长的新动力。在过去的一年里，日本市场的销售额显著增加，其在亚太区总销售额中的占比从25%上升至30%，这一成绩进一步坚定了M公司总部加大投资、深化日本市场布局的决心。然而，在一场旨在规划未来日本市场发展战略的讨论会上，来自不同文化背景和职能领域的三位关键人物——新任全球运营负责人南希、亚太区市场部门负责人杰森以及新任日本市场经理石田，因意见不合陷入了几轮长达数小时的激烈争论。

**沟通中的冲突场景**

针对日本市场的战略讨论会由杰森主持，共进行了三次。在第一次会议上，石田阐述了新财年的投入计划书，主要内容包括日本市场的现状与分析、战略资金的投入方向以及给公司带来的预期回报等。在第二次会议上，南希对计划书提出了反馈意见，这次会议引发了激烈的争执，且未能达成一致。在第三次会议上，三方就一些焦点问题进行了进一步讨论并最终达成一致。三次会议的沟通细节见表2-2。

表2-2 针对日本市场的战略讨论会沟通细节

| 冲突场景 | 南希的反馈 | 石田的应答 | 杰森的观点 | 冲突解决的关键点 |
| --- | --- | --- | --- | --- |
| 目标市场的选择 | 日本市场不足以支持亚太区业务的增长。最近印度市场的表现强劲，应该将战略资金的一部分投入印度市场 | 作为新任市场经理，石田对总部突然的"变卦"显得有些不知所措。出于日本文化的礼节和对总部的"尊重"，没有直接反对 | 直接否定了南希的观点。印度市场增长虽快，但基数偏低，无法在短时间内弥补销售目标。如果考虑印度，需要额外的长期投资规划 | 1. 对不合理的意见直接说不；2. 清晰而有数据支持的观点可以让决策者信服；3. 避免脱离目标的发散式讨论 |

续表

| 冲突场景 | 南希的反馈 | 石田的应答 | 杰森的观点 | 冲突解决的关键点 |
|---|---|---|---|---|
| 投入资金来源 | 总部面临资金短缺，希望亚太区从总份额里面抽调资金支持日本市场 | — | 直接否定了南希的提议。日本的市场投入是全球战略，需要总部承担而非亚太区"节衣缩食" | 坚持原则并反对不合理的提议 |
| 投入模式 | 拨款给总部的市场执行代理公司做执行，简单而高效 | 有语言问题，没办法及时了解执行状况，与日本销售部门也很难沟通 | 陈述过去这种总部直接投入模式的弊端并列举实例，证明这种方式行不通 | 目标国家客户的语言和文化差异决定了执行要充分本地化 |
| 营销工具的选择 | 全球都采用谷歌搜索引擎、程式化广告和社交传媒推广。日本市场必须保持全球一致性 | M公司曾尝试通过全球性的社交传媒平台进行推广，但过去几次的执行效果并不理想。相比之下，利用本土的专业网站和数字化平台可能更为有效 | 尊重全球一致性要求，但是分享了一组数据，证明程式化广告在日本市场投入效果并不理想。同时要求石田对本土专业网站的合规性做进一步的调研 | 开放而坦诚的心态，保持全球一致性的同时保证本土执行的有效性 |
| 营销内容的选择 | 总部的内容团队已经制作了丰富的内容，需要日本团队充分利用，而不是花时间制作本土内容 | 日本本土的内容更贴近客户，销售和售前团队数次反馈，对内容有自己的理解 | 基本同意南希的意见。鉴于国家和地区级市场缺乏内容制作的专业团队和资金，需要石田评估内容本地化的方案 | 对于总部合理的要求给予支持 |

**沟通结果**

在杰森坚持不懈的努力和有力的论证下，南希最终同意了针对日本市场的投入预算，并决定以全球专项资金的形式拨付给亚太区。南希也表示，她尊重本地化执行的选择。同时，杰森要求日本团队对本土数字化营销平台的有效性和合规性进行进一步评估，以确保公司的品牌形象、内容以及衡量标准与全球保持一致。此外，作为行动计划的一部分，他还将与总部的内容创作团队合作，为日本市场提供必要的本地化内容支持。

M公司的这个案例看似简单，但会议过程中的讨论和辩论异常激烈。最终，总部、亚太区与日本区域市场三方达成了一致，后续的执行既负责任又高效。这一过程充分体现了跨文化沟通的最终目标。

彼得·柯尔曼（Peter Coleman）和罗伯特·弗格森（Robert Ferguson）在《让冲突发挥作用》(*Making Conflict Work*) 一书中指出："在冲突中，信任扮演着至关重要的角色。通过诚实、开放和一致的行为，可以逐步建立和维护信任。"信任的建立不仅能缓解冲突，还能将其转化为合作的助力。尤其当信任成为合作的基石时，争吵常常能带来更理想的平衡。无论是在目标设定、资源投入、审批审核，还是项目细节的讨论中，不同观点的碰撞往往能激发创新的火花，让冲突成为推动进步的契机。

## 说不如问

出海企业在跨国经营环境中，常常面临各种挑战，例如：如何快速提高某目标市场的客户对新产品的认知度？如何在主要目标市场或国家提升品牌影响力？如何在复杂的行业细分市场中获取更多新客户？这些挑战需要总部、区域和目标市场或不同的国家团队之间的紧密沟通。

有经验的管理者都知道，获得一个问题的答案，并非通过不断地灌输理念，而往往需要提出一个好的问题。让一个项目循序渐进，需要不断地向领导者和参与者提问，引导他们主动思考，克服困难，实现既定目标。

我们经常通过头脑风暴会议或 workshop（工作坊）的方式，邀请各部门的关键角色参与，共同围绕设定的议题进行讨论，以激发智慧，最终制定下一步的行动方案。当会议陷入僵局时，会议主持人（facilitator）需要提出一个尖锐的问题，将大家的思路引导到关键点上，以结束无目的的分散讨论，避免基于各部门利益的狭隘思维。

为了充分培养后备力量，发挥有潜力经理人的积极性，甚至解决彼此间的矛盾，管理者可以指派不同风格、不同类型的人来合作，担任会议主持人。例如以下几种组合：

• 两个重要的大区经理组合 A+B：A 代表成熟市场（如澳大利亚、新西兰地区），B 代表新兴市场（如东南亚地区）。这两种典型市场类型的相互配合可以实现知识的互补，避免偏颇。

• 两个业务有交叉且在日常工作中常发生冲突的角色组合 M+N：M 代表大客户营销经理，N 代表区域负责人。两位经理性格都比较强势，因此需要创造合作场景以促进他们之间的协作。

• 两个成长中的经理人组合 X+Y：X 是一位平时对自己的英语水平不太自信的日本市场经理，Y 是刚刚加入团队的印度市场经理。这一组新老结合的搭配，不仅能够锻炼语言能力和增进同事间的沟通，同时也能培养领导力。

在每次会议前后，管理者会提出以下几个问题：

• 你们是如何相互协作并激发团队创意的？

• 关于当前项目，我们采取的措施效果如何？还有哪些改进空间？

• 经过这次讨论，我们确定的行动方案是什么？预期达成什么目标？是否有人持有不同意见？

采用这样的方式，不仅增进了同事间的相互了解和协作，还借助团队智慧积极探索了多种解决问题的途径，一举多得。

转向个人层面，我们经常面临的挑战是如何激发创新思维，通过构建一系列问题来找到关键点。现在，出海企业的经营者和管理者不妨自问一下：你会经常给出海业务团队提哪些问题呢？表2-3列出了出海企业管理者经常问到的10类问题。

表2-3 企业出海管理者经常问到的10类问题

| 序号 | 类别 | 提问对象 | 问题 |
|---|---|---|---|
| 1 | 市场环境 | 市场调研团队（或个人） | 目标市场的消费者最关心的痛点是什么？ |
| 2 | 竞争分析 | 竞争分析团队（或个人） | 在该市场中，竞争对手的主要优势是什么？我们可以从中学到什么？ |
| 3 | 客户认知 | 市场营销与销售团队 | 我们的产品或品牌在该市场的认知度如何？是否与客户的预期相符？ |
| 4 | 文化适应性 | 本地化团队、产品开发团队 | 我们的产品、服务或营销策略在这个市场需要做哪些文化上的调整？ |
| 5 | 品牌影响力 | 品牌管理团队 | 目前在该市场中，品牌的影响力处于何种水平？通过什么手段可以有效提升？ |
| 6 | 客户获取 | 市场营销、销售团队、渠道合作伙伴 | 如何通过新的渠道或营销活动获取更多的新客户？ |
| 7 | 技术支持 | 产品开发和技术支持团队 | 产品的技术功能是否适应该市场的需求？有哪些技术差距需要弥补？ |
| 8 | 团队协作 | 各区域团队 | 各区域团队之间的沟通是否顺畅？如何提高跨文化团队的协作效率？ |
| 9 | 执行落地 | 资源管理团队、项目管理团队 | 我们的资源分配是否足够支持在该市场实现目标？如何调整资源投入以适应战略需求？ |
| 10 | 风险管理 | 风险管理团队 | 当前面临的主要风险有哪些？我们可以采取哪些措施来降低这些风险？ |

## 倾听的力量

倾听在沟通中占据着至关重要的位置，它的重要性比重有时甚至超过了50%。掌握倾听的技巧，不仅是对他人的尊重，更是获取关键信息、提升工作效率的关键途径。

高效的倾听能够塑造积极的企业文化，增进员工间的相互理解，加强团队协作，从而提高工作效率。

相反，低效的倾听可能会导致销售机会的丧失、工作效率的下降、项目的延期、质量的降低、计划与预测的失败，以及团队成员关系的紧张等问题。根据赫姆斯（Holmes）报告的最新估计，倾听能力不足每年导致《财富》500强企业损失高达370亿美元。[①]

在跨国环境中，无论哪个国家哪种文化，普遍都强调倾听而不打断他人。在我曾经工作的团队中，不论职位高低，任何人在沟通过程中打断他人都会被视为不礼貌的行为，并会立即被其他同事指出。

倾听不仅仅是一种礼节，也是一项可以通过训练提升的技能。科学研究显示，倾听与大脑功能密切相关。由于个体在大脑功能上的差异，每个人的倾听习惯也各不相同。因此，了解自己的倾听习惯至关重要——通过发挥自身优势，可以有针对性地进行改进和提升。

1967年，传播理论家保罗·瓦茨拉维克（Paul Watzlawick）提出了一条关键的传播原理：任何信息都包含内容和关系两个层面。在交流过程中，信息不仅传递具体内容（例如事实、数据、指示等），还包含了关于人际关系的信息（例如态度、情感、权力关系等）。理解和运用这一原理，对于提升我们的倾听能力和整体沟通效果至关重要。

在国际交流中，倾听不仅是理解、共情和促进沟通的关键环节，

---

① Holmes Report. The Cost of Poor Communications. http://www.holmesreport.com/latest/article/the-cost-of-poor-communications.

更是避免误解、增强跨文化团队合作的必要手段。我总结了一些常见的倾听方法和倾向性，旨在帮助出海工作者在跨国沟通中充分发挥倾听的威力。从倾听的主动性程度和信息获取的效率两个维度来分析，倾听的主动性程度不同会收到不同的效果（图 2-5）。当然，这些倾听方法同样适用于不同的场合和情境，以下四种对于出海工作者来说是必备的技能。

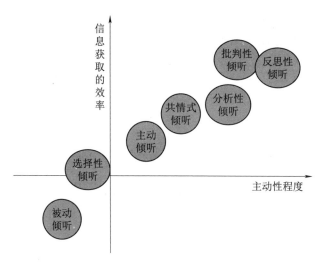

图 2-5 不同程度的主动倾听获取信息的效果不同

## 1. 主动倾听（Active Listening）

主动倾听的概念最早由心理学家卡尔·罗杰斯和理查德·法伯在 20 世纪 50 年代提出，要求人们在对话沟通时保持专注，避免打断，并通过眼神交流、身体语言给予对方充分的尊重。

戴尔·卡耐基在《如何赢得朋友与影响他人》一书中强调了主动倾听在人际关系中的重要性。通过全神贯注地倾听、理解并就对方的话语给予反馈、避免先入为主的观念以及鼓励对方继续表达等方式，我们可以拥有更加深入和有效的沟通。这种倾听不仅有助于我们赢得他人的信任和友谊，还能够在跨文化的人员管理中收到特别好的效果。

## 2. 共情式倾听（Empathetic Listening）

共情式倾听源自心理学中的"共情"概念，它是一种能力，能够让我们站在他人的角度感知情感。在跨文化交流中，共情式倾听是一种非常重要的沟通能力。

史蒂芬·柯维在《高效能人士的七个习惯》中特别强调了共情式倾听的价值，认为它是建立有效人际关系和信任的关键。共情式倾听不仅仅是听对方说话的内容，更是在理解对方情感和需求的基础上进行回应。柯维指出，这种倾听方法要求管理者暂时放下自己的观点，真诚地从对方的角度思考问题，真正体会对方的感受。

在跨文化管理中，共情式倾听尤为重要，因为文化差异往往导致误解或沟通障碍。通过共情式倾听，管理者能够更好地理解不同文化背景下员工或合作伙伴的潜在需求与顾虑，从而在解决问题和达成共识时更加高效。

此外，共情式倾听能帮助跨国企业的管理者建立信任感，减少因文化差异带来的摩擦。它使得团队成员感觉到被重视和尊重，有助于在复杂的国际市场中推动项目的成功。

## 3. 分析性倾听（Analytical Listening）

在分析性倾听中，倾听者通过分析和评估对方的语言，提炼出关键信息，助力解决问题或进行理性决策。

这种倾听模式在某些职业类型的人身上表现得尤为突出，尤其是那些擅长分析与思考的管理者、数据分析者和战略规划者。分析性倾听通常被用于发现问题、分析数据趋势或识别商业机会。通过对所听信息的深入分解和解读，听者能够发现隐藏的模式或问题。这种模式非常适用于商业决策、合约签订，或是管理者针对组织中的复杂问题进行抽丝剥茧、去伪存真的分析，最终找到最佳解决方案。

### 4. 反思性倾听（Reflective Listening）

反思性倾听是由心理学家威廉·米勒（William R. Miller）和斯蒂芬·罗尔尼克（Stephen Rollnick）提出的，他们在《动机式访谈法：帮助人们改变》一书中介绍了这种独特的倾听方法和沟通技巧。

在反思性倾听中，倾听者不仅重复对方的话，还通过反思来揭示对方言语背后的情感和动机。倾听者会复述对方的观点并加以推理，帮助对方更好地理解自己所说的内容。这种方式更适合管理者在指导团队时使用，帮助团队澄清计划和思路，从而推动其优化。

主动倾听、共情式倾听、分析性倾听和反思性倾听是由心理学家和学者总结出的高效沟通方法论，经常被用于培养跨国人才。

出海工作者将这几种倾听方式结合起来，并应用于跨国沟通，将大大有利于理解对方，细致入微地发现企业、团队或个人存在的问题，并更加理性地提出解决方案，从而更加得心应手。

特别值得一提的是，站在对方的角度倾听，进行换位思考，能够与对方共情，实现互相欣赏、包容与理解。这不仅是跨国沟通的高境界，也标志着合作进入了更佳状态。

## 天涯共此时：利用节日达成共情

节日不仅是文化传承的重要载体，也是拉近人际关系、增进文化理解的桥梁。对于出海工作者来说，善用节日来达成共情，能在跨文化沟通中打破隔阂、建立信任感。在不同国家和地区，每个节日都承载着独特的文化内涵。向海外同事和合作伙伴介绍这些节日的传统与背景，既能传递对文化的尊重与包容，也有助于增进彼此的认

第二章 沟通力修炼：在不同文化间建立纽带

同感。

利用节日达成共情，关键在于找到文化共鸣点。不仅仅是告知对方节日的存在，而是深入挖掘其中蕴含的情感和价值，并找到适当的表达方式。例如，节日往往承载着人们对家庭团聚、友谊、和谐等的美好愿望，这些都是超越文化界限的普世情感。在与海外同事交流时，如果能够结合这些节日精神，将其转化为一种双方都能理解和感受的共鸣，即使是简单的祝福，也会极大地增进跨文化沟通的效果。

对于出海企业的管理者来说，灵活运用这些节日文化，能在工作环境中营造一种更加开放、多元的氛围。这不仅有助于增强企业在本地市场的亲和力，还能提高全球团队的凝聚力和士气。在国际化团队的合作中，这种文化共情是提升沟通效率和项目成功率的重要因素。

2021年中秋节，我像往常一样，晚上11点参加了NetApp全球各职能部门负责人的周例会。当轮到亚太区汇报时，我的第一张幻灯片呈现了一张中秋节的图片。我先用几分钟时间向与会者介绍了中秋节这一中国的传统节日，并引用了一句古诗"海上生明月，天涯共此时"。

那是一次极为成功的分享。尽管我是会上唯一的中国人，但我成功向来自世界各地的商业精英们传播了中国的传统文化，增进了他们对中国的了解。我注意到，许多人在留言区里对我表达了"中秋节快乐"的祝福，并分享了自己以前访问中国的经历，甚至有一位美国同事展示了自己的中文水平。这种尊重让我深刻感受到了"天涯共此时"的美好。

在亚太区，各个国家的节日丰富多彩，我的电子日历上会密密麻麻地标记着各种重要节日的提醒。比如中国传统节日春节，不仅大中华区会放长假，在深受东方文化影响的韩国、越南等国家，春节也被视为重要的节日。西方的圣诞节则需要考虑澳大利亚等国家的客户、合作伙伴和同事休假的情况；印度、新加坡等地的排灯节是他们重要的节日，印度甚至有一周的假期。此外，一些国家的国庆日也各不相同，在美国、澳大利亚和印度，不同的"州"或者"邦"都可能拥有自己的节日。

在这种情况下，出海企业的管理者需要考虑到不同地域员工的假期安排；跨国营销者则需在市场推广日程上充分考虑到目标受众的时间安排，确保营销活动既能把握适当时机，又避免与受众的重要节日或假期发生冲突。

为了提升沟通效果，出海企业的管理者可以利用电子版的市场新闻简报（Newsletter），每周发送给全球各地的同事。简报中不仅包含重要市场活动的预告、产品发布内容、成功案例的总结，还应当特别加入各个国家和地区的节日，准备节日卡片，向当地的同事表达祝福。

在大型跨国公司中，跨部门的沟通至关重要，但同时也充满挑战。由于相关人员常分布在不同的国家和地区，背景和文化差异使得合作变得复杂。为了改善这一状况，我曾经在每周的部门例会中增加了一个特别环节，选择一个周五，命名为"Cloud Beer Saloon"（"云啤酒沙龙"），分布在不同国家和地区的不同部门的同事手持啤酒，通过视频会议进行交流，增进彼此的了解。大家会谈论自己的文化、兴趣爱好，以及手中那杯啤酒背后的故事。

2023年，我有幸获得苏秦会颁发的"中国年度传播人物"奖。在颁奖典礼后的采访环节，著名的传播专家"姐夫李"（李国威）向我提问：管理国际团队与管理中国团队在项目上有哪些不同？有什么体会可以分享？

我的回答很直接——有时候我会感到孤独。作为一个中国人，当脱离自己熟悉的中华文化环境，置身于一个多元化的环境中时，我感到非常不安。那时，我面临的挑战和压力不仅仅来自业务，还包括文化差异、语言障碍、时区和时差、工作习惯甚至团队凝聚力等各个方面。然而，当我将沟通从理解、包容、合作提升到"共情"的层面时，一切都变得坦然起来。

## 要点小结

• 跨国沟通面临语言、文化等各方面的障碍，这往往会导致出海企业耗费大量时间，降低运营效率。

• 在跨国沟通时，遵循"6C"原则——坦诚（Candid）、清晰（Clarity）、礼貌（Courtesy）、激发（Catalytic）、简洁（Conciseness）和承诺（Committed），可以帮助出海企业的管理人员和各职能部门的工作人员在沟通时既保持专业又充满人性。这样的沟通方式有助于提升跨国沟通的效率。

• 小米在应对印度市场的复杂性和巨大挑战时，凭借高效的沟通策略，成功地克服了一系列难题。这些努力不仅增强了公司的竞争力，还确保了小米在印度市场的最终胜利。

• 在开放的文化氛围中，冲突和争吵并不会破坏关系，相反，它们有助于提高沟通效率并激发创新思维。

• 提出好的问题，能够引导团队主动思考，克服困难，实现既定目标。

• 倾听是沟通中的重要组成部分。掌握倾听技巧，不仅是对他人的尊重，更是获取关键信息、提升工作效率的关键。在跨文化沟通情境下，出海企业管理者应多采用主动倾听、共情式倾听、分析性倾听和反思性倾听等沟通技巧。

• 了解不同国家和民族的文化与节日，既是一种尊重，也是与对方共情并加强联结的有效方式。

第三章

# 协作力修炼：和而不同，合作共赢

在全球化的市场背景下，团队间的紧密合作与协调配合显得尤为关键。协作的范围不仅限于团队内部，还应扩展到与上下游企业、整个供应链、生态系统，以及与客户的互利合作。企业需通过整合各方资源，保持开放态度，不断提升自身能力，以便在复杂的国际市场中灵活应对，迅速适应市场变化。因此，对于出海企业的管理人员和员工来说，不断提升协作技能，促进跨文化背景下的高效协作，是确保企业在全球竞争中保持优势的必要条件。

"独木难成林",在跨国商业领域,协作能力是企业成功的重要因素。不论是跨文化、跨地域的合作,还是与商业伙伴的战略联盟,协作的广度与深度直接影响企业的全球竞争力。在全球化浪潮中,协作不仅是一种能力,更是一种战略选择,帮助企业快速响应市场变化,突破发展瓶颈。

良好的协作源于信任,尤其是在多元文化背景下,接纳与欣赏差异是化解冲突、激发创新的关键。协作关系也在不断延展,从企业内部的职能联动到与合作伙伴的生态协作,甚至包括客户、达人和影响者,这些力量都可以为企业的市场推广和品牌塑造提供强大支持。

协作的成功还依赖清晰的目标和高效的沟通。无论是跨文化的智慧融合,还是资源的整合与共享,每一次协作都是推动全球化发展的新机遇。本章将通过实践案例,展示企业如何以协作为纽带,实现创新突破,打造强大的全球竞争力。

## 和而不同的智慧

管理大师彼得·德鲁克有句名言:"文化把战略当早餐吃。"这句话深刻揭示了企业文化在战略执行中的决定性作用。

对于积极开拓全球市场的中国企业而言,协作能力不仅是推进国际化战略的关键，也是通往成功的重要途径。在文化多样性的国际环境中，企业能否有效融合不同文化的智慧，建立起以合作为核心的企业文化，将决定其能否在国际竞争中站稳脚跟，并实现持续的成功。

对于中国出海企业而言，走向全球的首要挑战便是处理不同文化的冲突与差异。

中国拥有辉煌的五千年文明，若将视野扩展至全球，我们会发现众多其他文明也如同闪耀的星辰，点缀在人类历史的长河中。古希腊开创了哲学、戏剧、民主制度等多个领域的先河，为近现代西方文化奠定了基础；古罗马在继承古希腊文化的基础上，进一步发展了法律、建筑等领域的成就，构建了西方社会文明的基础；两河流域孕育了世界上最早的城市文明，古巴比伦的空中花园令人向往；古埃及创造了人类建筑史上的奇迹，展现了人类对永恒的追求；美洲的玛雅文明以其精确的历法而闻名。即便是中国周边的朝鲜半岛、日本列岛等地，也各自孕育了独特而丰富的文化传统。

每一种文明和文化都有其独特之处，但它们都是人类智慧的结晶，值得我们探索、尊重和传承。

国内很多企业习惯了自上而下的命令式管理方式，而这种方式在西方，尤其是在强调平等和个人表达的文化中，常常会遇到阻力。在全球化过程中，企业必须放下文化上的优越感，秉承"和而不同"的理念，即接受和尊重不同文化的长处，汲取优势并融合运用。

协作文化的精髓在于开放性和包容性。在国际化的商业环境中，企业需要学会在多样性中寻找共同的价值，并通过协同创新来实现优势互补。

海尔在国际化过程中遭遇了全球各地的文化差异，但通过采用"人单合一"模式，成功在全球市场构建了有效的协作文化。在这种模式下，海尔的每个本地团队既是全球战略的实施者，也是独立的创业者，有权根据当地实际情况自主制定发展策略。这种基于高度信任和授权的协作机制，使海尔能够在欧洲、北美等地区迅速站稳脚跟。

苹果公司是协作力的典范，其成就不仅源于创新的产品设计，更在于与全球供应链的紧密协作。苹果的生产制造遍布多个国家和地区，其供应链的协调却极为高效，确保了产品从设计到生产再到全球分销的流畅衔接。苹果不仅管理全球供应商，还与它们建立了深厚的合作关系，通过信息共享和协同管理，提高了生产效率和产品质量。

麦肯锡的研究显示，跨文化团队能够通过有效协作显著提升创新力和生产力，增幅可达 35%。然而，若缺乏适当的文化协调，冲突和误解可能导致效率降低 40%。这一发现凸显了协作在企业效率提升和竞争力增强中的关键作用。

那么，企业如何真正修炼协作力呢？这里有几项关键点：

### 尊重多样性与文化包容

企业需要在文化上包容和尊重差异，特别是对于在多国开展业务的企业来说这一点尤为重要。每个市场都有其独特的习俗和管理方式，企业应允许本地团队根据实际情况灵活应对，同时建立统一的企业文化价值观。

从管理角度来看，出海企业也应充分尊重本地员工的风俗习惯。许多企业会从总部派遣区域负责人（如领导者或关键职能部门的负责人）来统筹全局。在这种情况下，区域负责人在具备国际化视野的同时，还需要深入了解当地的文化特点。

### 建立信任与开放的沟通

跨文化协作成功的关键在于建立信任和开放式的沟通机制。企业需要构建畅通无阻的信息交流渠道，确保不同文化背景的团队能够相互理解对方的需求和目标。有效的沟通工具和方法，例如定期的国际会议和协同办公系统，能够帮助克服跨文化协作中的难题（具体参考

第二章"跨国沟通的'6C原则'"部分)。

**灵活授权与共享责任**

出海企业应当赋予本地团队更多的决策权,鼓励他们在全球战略的框架下独立运作。通过授权和共同承担责任,企业能够充分激发员工的积极性,进而提升团队协作的效率。

授权与责任共担同样是企业实现本地化经营的关键途径。能够成功实施本地化运营的企业将展现出更高的成熟度和更强的竞争力。

**跨文化培训与协作工具**

企业可以通过培训、交流项目和协作工具(如Teams)增强团队间的协同效应,帮助员工更好地适应和处理跨文化的挑战。

管理者则可以充分发挥创意,比如利用当地特色活动增进团队的相互了解和合作能力,或者通过参与公益活动来培养团队的共同责任感。

协作文化不仅是企业全球化成功的关键,也是增强企业整体竞争力的重要推动力。在全球化的大背景下,市场变化迅速,企业只有通过协作,才能迅速适应环境变化,整合全球资源,实现持续的创新和增长。对中国企业来说,建立"和而不同"的协作文化,不仅是应对全球市场复杂性的必要课程,也是提升企业全球竞争力的智慧体现。

"和而不同"是中国企业在国际化进程中提升协作能力的关键理念。通过吸收全球的卓越文化和资源,构建高度协作的企业文化,企业才能在全球市场中稳步发展,实现长期的繁荣。

**跨国协作力的全景模型**

中国出海企业在全球化过程中,面临着各种各样的协作机会。通过建立多层次的协作网络,企业不仅能够提升内部效率,还能有效应对外部挑战。

面对更加广阔的全球市场,企业如果能够放大视角,跳出固有的圈层,会发现一个全新的协作格局。通过过去二十多年的国际营销实践,我总结出了一套"跨国协作力的全景模型"(图3-1)。

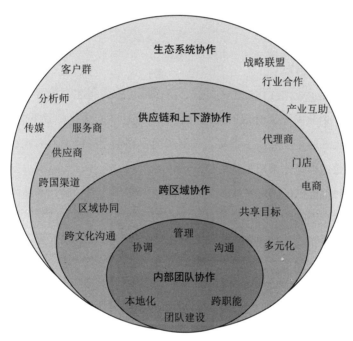

图 3-1　跨国协作力的全景模型

在这个模型中,我们能够观察到不同层次的协作模式。对于中国出海企业来说,这些模式是提升竞争优势、增强自身影响力和提高市场地位的关键所在。

## 1. 内部团队协作

跨国经营的成功往往源自内部团队的高效协作。在走向国际市场的过程中，企业会遭遇不同文化、法律、经济、人才和市场环境的挑战，这要求企业内部团队必须具备出色的协同能力和适应性。

以腾讯为例，在其国际化过程中，腾讯通过设立跨职能团队，促进了在不同国家和地区的产品开发。腾讯在全球范围内实施的"快速迭代"文化，鼓励员工在项目中跨部门合作，集思广益。这种协作方式不仅提高了产品质量，还加快了市场响应速度，使腾讯能够灵活应对不同市场的挑战，保持竞争力。

### 2. 跨区域协作

随着企业国际化进程的加快，跨区域协作变得尤为重要。在这一层面，企业需建立有效的沟通机制，以应对不同文化背景下的挑战。不同地区的市场环境、消费者偏好和商业惯例差异巨大，因此，企业必须通过本地化策略来确保适应性。

阿里巴巴的国际扩张就是一个成功的案例。通过设立本地团队并与当地企业合作，阿里能够快速获取市场信息和消费者反馈，及时调整战略以符合当地需求。这种灵活的跨区域协作策略使其在全球电商市场中脱颖而出。

京东的国际业务扩展展示了跨区域协作的重要性。为了更好地进入东南亚市场，京东在多个国家设立了本地仓库和客服中心，迅速响应当地消费者的需求。这种本地化策略帮助京东在与当地企业合作中实现了物流效率的优化，并提升了与消费者的互动体验，从而成功拓展了国际市场。

### 3. 供应链和上下游协作

企业的成功不仅依赖于内部协作，还需与上下游合作伙伴建立紧密的联系，以提升整体供应链的效率与反应能力。

宝洁公司与全球供应商建立了深厚的合作关系，并通过"供应商合作计划"优化其供应链。该计划激励供应商与宝洁在创新和成本控制方面携手，共同构建利益共享的伙伴关系。这种与上下游合作伙伴的紧密协作，提高了宝洁的产品交付效率和市场响应能力，使其在快速变化的消费品市场中保持领先。

苹果的全球供应链管理模式通过高度的协作与信息共享，确保了产品的高质量与快速交付。苹果与供应商之间的战略合作，形成了一个强大的网络，能够在复杂的全球市场中快速响应需求变化。此外，苹果还通过严格的质量控制和合作伙伴评估，确保每一个环节的高标准。这种上下游的紧密协作不仅提升了效率，还增强了市场竞争力。从另一个角度看，强大而体系健康的企业也带动了周边产业的发展，有利于塑造新的成长型企业，乃至实现层级创新。

我们经常讲"苹果产业链"带动了某地甚至是某个国家的经济。的确，一家大型的科技企业往往可以对一个区域的经济发展产生巨大的影响，比如郑州。作为苹果产业链中的重要一环，富士康在郑州的工厂不仅生产 iPhone 等苹果产品，还带动了周边地区的发展。该工厂的设立，使得郑州成为全球重要的智能手机生产基地之一。苹果产业链的引入，提升了郑州在全球产业链中的地位和影响力，既增加了城市税收，也增强了整个区域的经济活力乃至在全球范围内的综合竞争力。

## 4. 生态系统协作

在全球市场中，企业的竞争力也取决于与外部生态系统的合作。这一层次强调通过战略联盟与行业合作，提高企业的市场影响力与竞争优势。

通过成功的生态系统协作，企业能在全球市场中构建竞争优势。微软通过"云计算生态系统"，与众多合作伙伴、开发者和企业客户建立了紧密的战略联盟。利用 Azure 平台，微软不仅提供云服务，还与各行业合作伙伴共同开发解决方案，满足不同市场需求。这种协作不仅推动了微软产品的广泛应用，还增强了其市场影响力，使其在云计算领域保持领先地位。

在汽车行业的生态链中，宝马与宁德时代的合作堪称典范。作为宝马电动汽车发展战略中的核心合作伙伴，宁德时代在电池技术方面为宝马提供了重要支持。通过资源共享与技术协作，双方不仅实现了各自产品的创新，还加速了全球市场的布局，特别是推动了宁德时代的国际化进程。这种与生态系统合作伙伴的紧密协作模式，使双方在应对全球竞争时能够凝聚力量，持续发展。关于这方面的详细内容，我们将在下一节进一步探讨。

## 战略联盟实现突破：宁德时代借力宝马成功出海

宝马是一个享誉全球的豪华汽车品牌，大众多耳熟能详。踏入数字化转型时代，宝马制定了全面的战略规划，以电动化、数字化和可持续发展为核心推动企业的转型升级。宝马计划在2021年至2030年，在全球交付1000万辆纯电动车，以加速电动化步伐。为此，宝马加大了对电动车型的研发和生产投入，推出了多款纯电动车型，并计划在未来几年内进一步丰富产品线。此外，宝马还积极与合作伙伴共同推进电池技术的研发和生产，以确保电动车型的续航里程和性能表现。承袭了德国汽车精益求精的管理体系，宝马对电池的性能和质量有着极高的要求。

宁德时代是中国领先的动力电池制造商，成立于2011年，总部位于福建省宁德市。作为全球电动车电池市场的重要参与者，宁德时代专注于研发、生产和销售锂离子电池，产品被广泛应用于电动车、储能系统及其他领域。

宁德时代在全球电动车市场迅速崛起，其成功的关键在于与全球知名汽车制造商宝马的战略合作（图3-2）。这一联盟不仅为宁德时代的国际化布局提供了重要支持，还使其在全球电动车电池市场上获得了显著的竞争优势。

第三章 协作力修炼：和而不同，合作共赢

图 3-2 宝马集团与宁德时代建立了长期稳定的合作[①]
图片来源：宁德时代官网

## 宝马与宁德时代的合作背景

### 1. 新能源电池需求的增长

随着全球范围内新能源汽车的快速发展，汽车制造商对高性能电池的需求日益增长。宝马作为电动车领域的领军企业，早在 2010 年就开始布局电动化，在推出 i 系列电动车时便需要可靠的电池供应商。而宁德时代作为中国最大的电池制造商，凭借其在技术和规模上的领先优势，成为宝马的首选合作伙伴。

### 2. 战略合作的启动

2018 年，宝马与宁德时代签订了一份长期电池供应合同，总额达数十亿欧元。此举标志着宁德时代正式进入宝马的全球供应链体系，为宝马在全球范围内推出的电动车型提供动力电池。

## 协作中的借力

通过双方的战略合作，宁德时代获得了宝马在技术、人才以及管理体系方面的一系列支持；与此同时，宝马也借此机会构建了高品质的动力电池供应链。

---

[①] 来源：https://www.catl.com/en/news/659.html，2021 年 6 月 29 日。

对于寻求赢得全球化市场的宁德时代来说，宝马的国际化经验与严密的工业管理体系是一笔宝贵的财富。宝马将其全球领先的生产管理理念和质量管理工具传授给宁德时代，帮助其建立工业 4.0 生产体系，培养管理骨干团队，输出管理理念和管理工具。比如，双方成立了电池联合开发团队并形成联席工作机制，当宁德时代遇到技术难题时，宝马集团的资源会提供技术支持并共同研究解决方案。

得益于与宝马集团的深度合作，宁德时代的动力电池生产线技术已达到工业 4.0 的标准，从而在国际市场上取得了领先地位。宁德时代已具备向整车制造企业提供电池包整体解决方案的能力，因此吸引了更多国际和国内汽车品牌的合作订单。宁德时代借此机会，加快了在国际市场的布局步伐。

## 合作关键点

### 1．供应链整合与扩展

- 欧洲工厂布局：为了更好地满足宝马在欧洲的电池需求，宁德时代宣布在德国图林根州投资建设其首个海外电池工厂。该工厂已于 2023 年 1 月份实现量产，产量达 3000 万枚电芯。此外，宁德时代也在匈牙利德布勒森筹建另一座电池工厂，预计在两三年内投产运营。这将为宝马等欧洲汽车制造商提供稳定的电池供应。这一举措标志着宁德时代正式进入欧洲市场，并在欧洲建立起了自己的生产基地。
- 全球资源整合：通过与宝马的合作，宁德时代不仅加强了在欧洲的生产能力，还整合了全球范围内的原材料供应链，进一步降低了生产成本，提高了全球竞争力。

### 2．技术合作与创新

宁德时代与宝马不仅是供应商关系，还在技术上展开了深度合作。宁德时代为宝马量身定制高性能的电池解决方案，助力宝马推出更多续航里程长、性能更优异的电动车产品。通过与宝马的合作，宁德时代也不断提升自身的研发能力，进一步巩固其在全球电池技术领域的领先地位。

**3．环保与可持续发展**

• 绿色供应链：宝马与宁德时代的合作不仅关注技术，还共同致力于构建环保、可持续发展的供应链体系。双方在电池生产和回收方面展开合作，推动循环经济的发展，减少对环境的影响（图3-3）。

图 3-3　宁德时代和华晨宝马在绿色生产、节能减排和
循环经济等方面展开深入合作
图片来源：宁德时代官网

• 碳中和目标：宁德时代通过绿色能源的使用以及生产流程的优化，帮助宝马实现其电动车生产过程中碳中和的目标，这也为宁德时代赢得了更多全球市场的青睐。

## 协作成就双赢

**1. 宁德时代的全球布局**

通过与宝马的合作，宁德时代成功进入了欧洲及全球高端汽车市场，扩大了其在全球的影响力和市场份额。德国工厂的建立使宁德时代不仅在中国本土取得了成功，还成为全球电动车电池供应链中不可或缺的角色。

**2. 宝马电动化战略的推进**

宁德时代稳定的电池供应为宝马的电动化转型提供了重要支撑。宝马得以在全球范围内推出更多电动汽车，提升了其在新能源汽车市场的竞争力。

**3. 双赢的局面**

宝马与宁德时代的战略合作为双方带来了巨大的商业价值。宝马通过获得稳定的高质量电池供应，加速了其电动化进程；宁德时代则借助宝马的全球化布局，迅速扩展了海外市场，提升了尤其是在欧洲的影响力（图3-4）。

图3-4　宁德时代在德国汉诺威国际交通运输博览会（IAA Transportation 2024）发布了海外商用动力电池品牌CATL TECTRANS

图片来源：宁德时代官网

**借力出海的感悟**

宝马与宁德时代的合作是全球化背景下，中国企业通过与国际品牌联手，成功实现技术输出和市场扩展的范例。这一合作不仅推动了宁德时代的全球布局，还助力宝马在电动化进程中取得了领先地位。

这种战略联盟使宁德时代能够在全球范围内扩大其业务规模，同时也为宝马提供了稳定的高质量电池供应，确保了其电动汽车产品的性能和安全。双方的合作是基于互信和共同目标的长期战略，通过资源共享、技术交流和共同研发，实现了互利共赢。

宁德时代借力宝马成功出海的故事，展示了战略联盟如何帮助企业突破自身局限，实现全球化发展。这种合作模式也为其他中国企业提供了宝贵的经验和启示，即通过与国际知名企业的深度协作，可以迅速提升自身的国际影响力和竞争力，实现全球化布局。

## 总部协作：全球发展的支点

在企业出海或全球化过程中，如何充分发挥总部的作用与力量，既能提供有效的支持和管理，又不过多干涉区域市场的执行，是每个走向国际化的企业需要平衡的重要课题。

大企业在国内布局的时候就已经拥有丰富的总部／分公司管理经验，而许多中小企业成长过程中对这类管理体系投入有限，以至于需要补上这一课。

例如，曾有一家中国企业的董事会计划设立"海外 CMO（首席营销官）"职位，希望招募具有跨国企业高管经验的候选人来领导其海外营销部门。然而，实际上这家企业的国内市场部门职能相对简单且地位较低，仅扮演辅助角色。在这种情况下，设立"海外 CMO"职位显然并不合适。原因很简单：这家企业的总部尚未建立一个完善的营销部门，也未能形成一个强有力的营销管理体系。总部的发展和强化是首要任务，这是一个基本的原则。

走向海外的企业，其总部的作用应该会体现在以下四个方面：

· **战略引领**：总部提供清晰的全球战略方向，帮助各地区保持一致的长期目标，但允许本地市场根据实际情况调整战术。

· **资源支持**：总部负责调配全球资源，如技术、资金和人才，为区域市场提供充足支持，提升整体效率。

· **监督与管控**：总部通过关键指标进行监控，确保各市场合规运营，但避免过度干涉，使本地团队有足够的自主权。

· **知识共享**：总部可以作为知识与最佳实践的中心，帮助不同区域的团队分享成功经验与失败教训。

跨国企业常说一句话："Global Consistency, Local Relevance."意思是"全球一致性，本地相关性"，而这一点是企业总部需要建立的最重要的目标之一。成功企业的总部会做到"有所为而有所不为"，即做好分内职能的同时杜绝总部管理者与工作人员容易陷入的误区。

在负责 NetApp 亚太区市场营销工作的时候，我很大一部分时间都用于与总部沟通。一方面，我需要了解全球战略，希望总部提供必要的支持；另一方面，我需要不断沟通，以提醒、说服总部的一些职能部门不过度干预国家或地区市场的执行。在这个过程中，我也总结出一套方法论，即总部的"四要四不要"（图3-5）。这套方法论对于以中国为总部的出海企业来说，有一定的现实意义。

"四要"是指：

· **要提供战略方向**：总部应制定全球一致的战略目标，尤其在品牌、技术和核心价值观上，确保企业在全球范围内保持一致。

· **要提供资源支持**：总部应调配全球资源，包括技术研发、资金和人才，帮助各区域市场执行战略并迅速抓住市场机会。

第三章 协作力修炼：和而不同，合作共赢

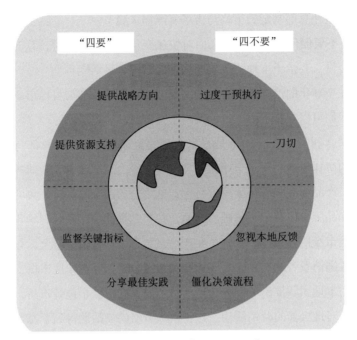

图 3-5 总部的"四要四不要"

- **要监督关键指标：** 总部应通过关键绩效指标（KPI）进行监控，以确保各区域市场达成目标，确保合规运营，并建立透明的反馈机制。

- **要分享最佳实践：** 总部应作为全球知识中心，促进各区域市场之间的经验和成功案例的分享，帮助团队快速复制成功的经验。

"四不要"是指：

- **不要过度干涉执行：** 总部不应微观管理（micro management）各区域市场的日常运营和战术决策，避免区域团队的创新和快速响应被限制。

- **不要一刀切：** 全球策略不能强行套用在所有市场上，总部需要允许区域市场根据本地文化、消费者需求进行调整。

- **不要忽视本地反馈：** 总部要倾听并尊重区域市场团队的意见和

反馈，避免总部制定的策略与市场实际需求脱节。

- **不要僵化决策流程：** 在面对快速变化的市场环境时，总部不能决策缓慢，要给予本地团队快速调整的权限和灵活性。

在全球化的浪潮中，大量的跨国公司经历了总部与目标市场的磨合。我们可以看看下面一正一反两个案例。

联合利华（Unilever）是一家典型的全球化企业，其总部与区域市场的协作模式展现了全球化管理的高水平。总部设定了全球的品牌战略、产品标准和可持续发展目标，这为公司在全球保持一致的企业形象和品牌价值奠定了基础。然而，在实际操作中，联合利华非常强调本地市场的独立性，尤其是在产品定制和市场营销策略上，充分考虑到各国消费者的文化、喜好和购买习惯。例如，在印度市场，联合利华的本地团队推出了符合当地消费者需求的低价小包装产品，并设计了针对性极强的营销活动。这种市场策略的灵活性得到了总部的充分支持，没有因为全球统一战略而受到限制。总部的主要作用体现在技术研发和生产效率提升方面，例如通过优化全球供应链体系，降低成本，提高产品在各市场的竞争力。

诺基亚的例子正好相反。作为全球手机市场的昔日霸主，诺基亚的衰落与其总部对区域市场过度控制、缺乏灵活性不无关系。在智能手机兴起的转折点，诺基亚过分依赖芬兰管理层对全球战略的集中决策，忽视了区域市场团队的见解。例如，诺基亚坚持在全球推广 Symbian（塞班）系统，尽管有区域市场团队察觉到 Android（安卓）系统的潜力，总部却未能及时调整产品策略，结果错失市场良机。特别是在美国市场，诺基亚的智能手机未能针对本地消费者的需求做出有效调整，这导致其在激烈的市场竞争中丧失了重要地位。总部的过度干预和决策迟缓，造成区域市场响应不力，最终导致诺基亚失去了竞争优势。

总部的作用在于协调全球战略的统一性和本地市场的灵活性。通过"战略引导、资源支持、监督与管理、知识共享",总部能够为区域市场提供坚实的支持。同时,避免过度介入本地执行,倾听区域市场的声音,可以确保总部与本地市场共同成长,实现全球化企业的长远成功。

此外,近期在与多家软件企业交流中,我了解到许多企业在海外业务发展到一定阶段时,开始考虑设立全球"双总部"的问题。

出海企业在选择海外总部地点时,需综合考虑业务运营、人才资源、投资环境和客户分布等多方面因素。以下是一些具有代表性的中国出海企业的海外总部选择地信息供参考(表3-1)。

表3-1 具有代表性的中国出海企业海外总部选择地(部分)

| 行业 | 代表性出海企业 | 海外总部所在地(国家/地区/城市) | 设立原因 |
| --- | --- | --- | --- |
| 科技电子 | 华为 | 英国/伦敦 | 接触欧洲市场,增强与当地的合作 |
| | 字节跳动 | 新加坡 | 利用国际化环境和人才优势,便于扩展亚太市场 |
| | 大疆 | 美国/加州 | 进入美国市场,连接当地科技生态系统 |
| | 小米 | 新加坡 | 进入东南亚市场,利用新加坡的国际商业环境 |
| | OPPO | 印度尼西亚/雅加达 | 接触东南亚市场,适应当地消费需求和文化 |
| 家用电器 | 海尔 | 美国/南卡罗来纳州 | 进入北美市场,推动品牌全球化,增强本地生产能力 |
| | 美的 | 德国/慕尼黑 | 利用欧洲市场的技术创新和品牌影响力 |
| | TCL | 法国/巴黎 | 拓展欧洲市场,借助法国的品牌影响力和技术合作 |
| 金融 | 招商银行 | 英国/伦敦 | 拓展国际业务,利用伦敦的金融中心地位 |
| | 蚂蚁集团 | 新加坡 | 接触东南亚市场,推动金融科技的本地化发展 |

续表

| 行业 | 代表性出海企业 | 海外总部所在地（国家/地区/城市） | 设立原因 |
|---|---|---|---|
| 汽车 | 吉利汽车 | 瑞典/哥德堡 | 收购沃尔沃后拓展欧洲市场，提升技术与品牌影响力 |
| | 比亚迪 | 美国/洛杉矶 | 进入北美市场，推动电动车的销售与品牌建设 |
| | 长城汽车 | 德国/慕尼黑 | 在欧洲市场拓展业务，增强研发和品牌影响力 |
| 新能源 | 宁德时代 | 德国/慕尼黑 | 在欧洲市场增强电池供应链和市场份额 |
| | 隆基绿能 | 新加坡 | 利用新加坡的国际化优势，拓展亚太市场 |
| 医药 | 恒瑞医药 | 美国/加州 | 拓展全球市场，推动创新药物的国际化 |
| | 复星医药 | 美国/波士顿 | 加强与北美市场的合作，推动创新药物的研发 |
| | 智飞生物 | 荷兰/阿姆斯特丹 | 利用欧洲市场的科研资源，拓展国际业务 |
| 医疗器械 | 迈瑞医疗 | 美国/波士顿 | 全球医疗器械研发与生产中心 |
| | 微创医疗 | 美国/得克萨斯州 | 进入北美市场，推动医疗器械的创新与销售 |
| | 联影医疗 | 新加坡 | 利用东南亚市场机会，增强品牌影响力 |
| 电商 | 阿里巴巴 | 新加坡 | 拓展东南亚市场，利用新加坡的国际商业环境 |
| | 京东 | 美国/洛杉矶 | 拓展北美市场，推动跨境电商的发展 |
| 化妆品 | 珀莱雅 | 新加坡 | 进入亚太市场，借助新加坡的国际化优势 |
| | 花西子 | 美国/洛杉矶 | 进入北美市场，推动品牌国际化和营销 |
| 机械制造 | 三一重工 | 德国/慕尼黑 | 进入欧洲市场，推动设备销售和技术合作 |
| | 中联重科 | 美国/得克萨斯州 | 进入北美市场，提升品牌影响力和市场份额 |

续表

| 行业 | 代表性出海企业 | 海外总部所在地（国家/地区/城市） | 设立原因 |
|---|---|---|---|
| 石油石化 | 中石油 | 加拿大/卡里加尔 | 拓展北美市场，增强资源开发与合作 |
| | 中海油 | 英国/伦敦 | 拓展国际市场，利用伦敦的金融与资源交易平台 |

## 跨文化跨地域协作

在全球化的浪潮中，中国企业纷纷走出国门，其分支机构遍布世界各地。随着海外业务的不断扩展，不少企业选择在关键市场设立分公司，甚至建立海外总部，这一战略布局显得自然而然。这些分布在不同国家和地区的分支机构之间的紧密协作，无疑将成为推动企业持续成功的关键因素。

但是跨文化差异对协作有着巨大的影响，不同国家、地区的文化、工作习惯、语言差异、价值观等，都可能导致沟通障碍，并对协作产生巨大的挑战。

例如，西方国家在沟通上倾向于直接明了，亚洲国家则更注重含蓄委婉。在处理具体项目时，不同文化背景下的人展现出不同的决策风格：在美国，人们追求快速决断，强调效率和时效；而在拉美、南欧等地，人们更看重人际关系和灵活性，愿意投入更多时间在讨论和协商上，以达成共识。另外，有些国家如日本和韩国，对权威和层级有较高的尊重；北欧等地区则更倡导平等，倾向于建立扁平化的组织结构。

尽管现代企业制度在全球范围内趋向于统一的管理学理念，但文化差异仍然导致了对管理学理解和执行上的不同。对于致力于全球化发展的出海企业而言，建立高效的跨文化和跨地域协作机制至关重要。为了实现这一目标，企业需要关注以下几个方面：

## 1. 建立共享的全球愿景与目标

跨国企业每年的战略制定是一个既重要又复杂的过程。它涉及数据分析与洞察、内外部环境的分析、行业与技术发展趋势、财务指标、人员管理、产品策略到竞争分析等，针对每个方面都会有细致入微的研究与讨论。

无论是在 IBM 担任产品市场经理，还是在 NetApp 负责亚太地区的营销工作，我都经常作为管理人员代表参加公司的年度策略制定。我深刻体会到，每一个完整的战略规划都会把公司的全球愿景与长、短期目标置于首位。对于各个职能部门或任何一个目标国家市场来说，情况同样如此。

不论企业大小、行业分布、全球化发展的不同阶段，愿景对于一家企业来说，都如同海上的灯塔，指引企业前行，规划着企业发展的方向。

## 2. 倡导透明、开放的沟通文化

对于出海企业来说，特别需要鼓励员工之间、员工与合作伙伴之间、员工与客户之间主动而透明的沟通。面对不同的文化环境，沟通能够打破误解和猜忌，弥合理解上的差异，实现思想上的统一。

在管理实践中，企业可以通过设立明确的沟通流程和框架，确保各地团队能够在交流时理解彼此的需求和观点。例如，使用标准化的报告模板、会议纪要等工具来减少误解。

## 3. 跨文化培训与交流

企业需要为全球员工提供跨文化培训，帮助他们理解和尊重不同国家的文化、价值观和行为模式。这不仅能促进相互理解，还能避免因文化误解而产生的冲突。

NetApp 亚太区每个月会举办"文化展示"（Culture Show）活动，

由一位"文化大使"展示其所在国家或地区有趣的文化和故事,并通过新闻简报分享给所有员工。在遇到全球重大事件时,公司总部会邀请心理学顾问进行必要的疏导。例如,某些国家曾发生亚裔人群被排挤的情况,公司便举办了一个"亚裔人群关爱日",召开全球视频会议,请一位心理学博士针对亚裔人群所遇到的问题进行分析和疏导。

此外,许多跨国公司还设有专门的心理咨询热线,这些热线为员工提供一对一的咨询服务,帮助他们解决工作和生活中遇到的问题。

### 4. 动态灵活的组织结构模式

跨国企业在组织建设中应尽量打造"混合团队",一方面包括不同文化背景的管理团队组合,另一方面结合总部的核心团队和各地分支机构的本地成员,共同推进项目。总部提供战略支持,本地团队负责具体执行,确保执行落地。

针对时区差异较大的全球团队,采用灵活的工作时间安排和轮班制度,以避免时差对协作效率的影响。

宝洁通过采用全球矩阵管理模式,实现了跨区域、跨职能的高效协作。在这种模式下,宝洁的各区域市场拥有较大的决策自主权,同时接受总部的战略指导,确保全球战略与本地执行之间的平衡。宝洁鼓励团队成员在全球范围内流动,以促进不同文化背景的员工相互理解和融合。例如,在进入印度市场时,宝洁特别重视团队的多样性,并通过跨文化培训帮助员工更好地适应不同市场的工作节奏和文化差异。

### 5. 推动知识经验共享机制

分享是全球各地员工都接受并欢迎的方式。通过设立全球内部知识库或举办定期的内部经验分享会,可以推动各地分支机构间的成功经验和失败教训的互通。

担任 NetApp 亚太区 CMO 期间，我曾经要求日本、澳洲、东南亚和印度团队每个月分享成功客户案例。这不仅取得了良好的效果，还极大地增强了跨文化团队之间的紧密合作与交流。

**6. 充分利用数字化协同工具**

在数字化转型的今天，企业可以充分利用技术工具，如 Slack、Zoom、Teams 等全球协作平台，确保不同地区的团队能够随时共享信息、追踪进度，并实时沟通。

通过数据共享平台，实现各地业务数据的实时互通，确保全球总部和各地团队能够根据数据进行科学的决策和反馈。SaaS 软件可以有效实现全球的协同办公，确保所有相关人员同步计划，高效沟通。

安克创新是一家主营消费电子的中国企业，近年来成功拓展了海外市场，尤其是在欧美国家。作为一家规模较小但迅速崛起的中型企业，安克创新依赖于其在全球市场的多点布局，通过灵活的远程协作和跨文化沟通实现了快速发展。安克创新在全球有多个分支机构，团队分布在中国、美国、德国等地。为了确保各地团队的协作，安克创新依托数字化工具进行任务分配和项目管理，同时通过定期的视频会议解决跨地域时差带来的沟通问题。

跨文化跨地域协作对全球化企业的成功至关重要。通过以上策略，企业可以克服文化差异带来的挑战，构建更加紧密、高效的全球化协作机制，促进海外业务的顺利发展。

**当协作面临冲突：蒙牛与可口可乐的创新型协作**

蒙牛与可口可乐共同荣膺了 2024 年巴黎奥运会的官方顶级赞助商。引人注目的是，作为"奥林匹克合作伙伴"，全球仅有 15 家企业

# 第三章　协作力修炼：和而不同，合作共赢

获此殊荣，蒙牛与阿里巴巴并列，成为本届奥运会仅有的两家中国赞助商。

蒙牛与可口可乐这两大饮料企业的合作显得尤为独特，因为通常的企业战略合作往往是互补的。

例如，在食品饮料行业，麦当劳与可口可乐的合作就是一个典型例子。麦当劳作为快餐业的巨头，主要专注于食品领域，可口可乐则是饮料行业的领先者，两者在产品线和市场需求上形成了天然的互补。这种合作通常能够使各自的产品组合为消费者提供更加完整的消费体验，从而实现双方共赢的局面。

另一个典型案例是耐克与苹果的跨界合作。这两家企业在运动与科技领域的合作始于 2006 年，推出了 Nike+iPod 系列，通过将运动鞋与 iPod 连接，用户可以实时追踪运动数据。如今，这种合作已经拓展到了 Apple Watch 和耐克专属版本（图 3-6）。这种合作模式展现了极强的互补性，耐克的运动装备与苹果的科技产品相结合，为消费者带来了更智能化的运动体验。苹果通过这次合作进入了运动健康市场，耐克则借助苹果的技术提升了产品的附加值。

图 3-6　"大跨步，一起进步"——苹果手表的耐克专属版本（Apple Watch Nike）
图片来源：苹果官网

类似的合作还包括科技领域的 Uber 与 Spotify、智能手机领域的 Vivo 与光学设备企业蔡司，以及汽车行业的宝马与新能源领域的宁德时代等。这些合作在很大程度上实现了品牌共赢，同时也拓展了各自的市场空间。

蒙牛与可口可乐的特殊合作模式突破了传统互补性合作的框架。虽然蒙牛专注于乳制品，可口可乐以碳酸饮料为主，两者在产品种类上并不直接竞争，但它们同属于饮料行业，市场领域存在一定的交集。这使得两者的合作更像是一种"平行协作"——双方并非依赖彼此的资源优势进行互补，而是借助奥运会这一全球性的舞台，各自发力独舞。

这种特殊的合作模式也引起了许多营销专家的质疑。一方面，品牌定位的差异和潜在的冲突是一个问题。毕竟，对于许多年轻消费者而言，这两家企业仍然是竞争者，它们并列出现有时会给人一种"违和感"。另一方面，两家企业的产品线可能存在冲突，甚至可口可乐因高热量和高糖分问题可能引发一些比较负面的品牌联想，给蒙牛带来"不健康"的形象。

从另一个角度来看，这种模式之所以独特，在于蒙牛与可口可乐并非传统的"协作伙伴"，而是一种在同一市场内同时进行竞争和合作的"竞合"关系。这种竞合模式为企业间的战略合作开辟了新的思路，尤其是当蒙牛作为出海企业，如果能够对品牌传播进行有效的管控，这种合作在国际市场上可能会收到意想不到的效果。

### 1. 竞争中的协同共赢

尽管蒙牛和可口可乐在饮料市场上有潜在的竞争关系，但在奥运会的合作中，它们并没有试图削弱对方的市场份额。相反，通过在全球顶级赛事上携手合作，它们共同提升了在消费者心中的品牌认知度。这种模式表明，企业在特定场合下可以通过"竞中求合"实现更大的市场效益，而不是受限于彼此的竞争关系。

## 2. 全球影响力的放大效应

两家企业的合作还带来了品牌的全球扩展效应。蒙牛通过与可口可乐的合作，进一步拓宽了国际市场的渠道，尤其是在乳制品尚未完全覆盖的全球地区。可口可乐则通过这次合作巩固了其在中国和亚洲市场的领导地位。在合作中，两者放大了各自的全球影响力，创造了"1+1>2"的效果。

## 3. 创新型协作模式的探索

蒙牛与可口可乐的合作打破了企业间传统的合作模式，探索出了一种在同一行业内通过品牌合作实现市场共赢的新路径。这种合作不仅显著提升了双方的品牌曝光度，还有助于在消费者心目中构建起健康生活方式与快乐文化的联合形象。这种协作模式为其他企业在全球化和跨界合作方面提供了新的战略视角，可以说是一种出奇制胜的策略。

总体而言，蒙牛与可口可乐在巴黎奥运会上的合作开创了一种极为特别的战略协作模式。这种不依赖于互补优势的"竞合"合作，打破了传统企业合作的框架，为行业内企业提供了新的合作范式。通过在全球顶级赛事上的共同亮相，两者不仅有效提升了各自在全球市场的品牌影响力，还展示了企业在竞争中寻求协作共赢的无限可能性。这种模式为未来的企业合作提供了宝贵的借鉴意义，尤其是在全球化进程加速的背景下，跨界和竞合型的合作将成为更多企业探索的方向。

2024年9月，淘宝宣布将在其平台上支持微信支付，这意味着这两个长期竞争的巨头开始放下成见，展开合作。

毕竟，协作双方的最终目的是实现品牌形象的提升和目标市场的共赢。

## 一种特殊的企业协作模式：梦工厂从客户成为商业伙伴

不同类型的企业间协作，能够增强品牌影响力，并拓展新的目标市场。企业在协作中不断推出创新模式，在某些情况下，客户甚至能转变为特殊的合作伙伴，促进企业间的相互成就。

以 NetApp 与梦工厂（DreamWorks）的合作为例，它成功地展示了如何将客户关系转变为战略伙伴关系，实现了双方共赢（图 3-7）。

图 3-7　NetApp 与梦工厂的合作
图片来源：NetApp 官网

NetApp，一家位于硅谷的高科技企业，专注于为客户提供数据管理和存储解决方案。梦工厂则在动画电影制作领域以其创意和技术著称，享有盛誉。

梦工厂动画过去 25 年来通过创作广受欢迎的家庭电影，改变了动画和娱乐行业。其作品如《怪物史莱克》《驯龙高手》《功夫熊猫》等,都令人难忘。梦工厂的每一部电影都以炫目多彩的视觉故事和令人难忘的角色吸引观众。实际上,每一部动漫电影都是通过不断发展的技术工具创作而成,这些工具和技术以更丰富的纹理、深度和创造性将故事生动地呈现出来。随着制作过程的复杂性不断增加,以及娱乐行业的爆炸性变化和对内容需求的不断增长,梦工厂必须积极参与创新。

得益于 NetApp 提供的混合云、存储、数据和虚拟化解决方案,以及其先进的数据管理技术,梦工厂的艺术创作者们在动画制作和后期处理中,得以简化技术和数据领域的管理工作。这种模式使得艺术创作者们能够将更多精力集中在发挥创造力上。

最初,梦工厂只是 NetApp 的一个客户。随着双方合作的深入,它们意识到可以建立更紧密的合作关系,从而提升业务价值。在双方的 CMO 和品牌负责人的主导下,两家原本仅限于客户与提供商关系、且行业领域完全不同的企业,实现了一次重大的协作升级。得益于营销与品牌管理部门的专业性,以及 CMO 的整合协调能力,NetApp 与梦工厂在全方位的营销推动方面取得了显著成果。

### 1. 品牌协作

NetApp 与梦工厂通过建立紧密的品牌合作关系,共同推广双方的品牌形象(图 3-8)。他们利用各自在市场中的影响力,提升了在科技和娱乐领域的知名度,并强化了品牌的互补性。

图 3-8　NetApp 与梦工厂拓展了长期的战略合作
图片来源:NCN

### 2. 内容营销

双方通过内容营销相结合，共同创建并分享关于技术应用和创意制作的案例研究和白皮书。它们在网站上建立协作内容，强调 NetApp 的解决方案如何提升梦工厂的制作效率，吸引目标受众的关注。特别是 NetApp 将自己定位为"帮助梦工厂动画将想象力提升到新的高度"，更多地从梦工厂动画电影对人的吸引而非单纯的技术角度出发，使得科技企业的故事变得生动有趣。

### 3. 数字营销

在数字营销方面，NetApp 和梦工厂通过各自的数字渠道推送合作内容，例如官方与第三方网站、Webinar（线上会议）等，以增加品牌曝光率，并强化消费者对双方合作的认知。

### 4. 社交传媒

通过推特、脸书、YouTube、Instagram 等社交媒体平台，NetApp 和梦工厂合作发布联合营销动态，分享成功案例与白皮书。这些活动增加了互动和参与感，并进一步扩大了粉丝覆盖范围。

### 5. 市场活动

NetApp INSIGHT 是一年一度的大型会议，吸引了来自世界各地的数千名客户和合作伙伴齐聚拉斯维加斯，共同了解最新的产品和技术动态。2018 年，NetApp 邀请了梦工厂的高级副总裁凯特·斯万博格（Kate Swanborg）发表演讲，介绍 NetApp 与梦工厂的合作历程。

同时，NetApp 也抓住梦工厂每年新片首映的契机，进行市场推广活动。他们组织重要的客户见面会，直接与目标客户互动，实现"寓教于乐"。在客户享受精彩大片的同时，NetApp 增加了客户的黏性，并增强了品牌认同感。例如，在 2019 年全球首映的《驯龙高手3》活动中，NetApp 在全球 27 个城市举办了客户见面会，这不仅加强了客户营销，也促进了双方品牌的推广。

### 6. 客户体验

当遇到对梦工厂案例感兴趣的潜在客户时，NetApp 会邀请他们参观梦工厂，深入了解数据管理解决方案的实际应用。对于世界各地不便前往梦工厂总部的客户，NetApp 还会安排视频会议，进行"虚拟 EBC（高层简报中心）"，通过视频展示相关信息。

通过这些多元化的合作方式和整合营销策略，NetApp 与梦工厂实现了品牌价值的最大化，并推动了各自市场的增长。这可以说是一种特殊的跨界合作，也是提升企业全球影响力的协作升级。

## 协作力修炼实现全球资源整合与共享

许多中国企业在"走出去"的过程中，常常面临资源匮乏的困境。他们一方面担心自身缺乏必要的能力和实力，另一方面由于对目标市场的不了解，容易产生恐慌和不信任感。

实际上，跨国企业协作模式不断涌现，这对我国出海企业具有极大的借鉴价值。通过不同类型的合作，企业不仅可以显著提升其竞争力和国际影响力，而且可以在很大程度上弥补自身的短板。

例如，我们之前提到的宁德时代就是一个很好的例子。它借助成功、成熟且体系完备的跨国企业（宝马）的体系、运营模式和全球影响力，修炼自身，通过协作提升全球化实力。通过与宝马的合作，宁德时代不仅加强了在欧洲的生产能力，还整合了全球范围内的原材料供应链，进一步降低了生产成本，提高了全球竞争力。

这一点让我们看到了全球资源整合模式下的新形式出海：基于协

作力来推动的全球化发展。

（1）对于消费品出海企业而言，除了进行本地化生产与合作，更多是通过广泛的生态系统来拓展海外业务。比如：

- **跨境电商**：借助全球范围内的电商平台（如亚马逊、阿里巴巴等），快速进入目标市场，减少对传统渠道的依赖，拓宽销售渠道。
- **产业链整合**：通过与当地供应商和分销商的合作，实现生产、物流和市场推广的本地化，降低成本并提升市场响应速度。例如，建立本地化的生产基地，利用当地资源降低生产成本。
- **品牌联名与合作**：与当地知名品牌或具有较大影响力的品牌、企业或个人（达人、网红）进行联名合作，借助他们的影响力和市场认知度，提高品牌曝光率和受认可度。

（2）对于以企业级业务为主的企业（B2B）而言，找到合适的拓展国际市场的伙伴至关重要。

- **战略合作伙伴关系**：与行业内的知名企业建立战略合作，通过技术、市场和资源的共享，提升竞争力。例如，技术公司与当地企业合作，共同开发解决方案。
- **供应链合作**：与当地供应商、物流公司建立紧密的合作关系，实现高效的供应链管理，降低运营成本，提高交付效率。
- **联合研发**：与当地研究机构或高校进行联合研发，获取最新技术和市场洞察，增强创新能力和市场适应性。
- **专业服务合作**：与当地的咨询公司、法律顾问和财务顾问合作，利用他们的专业知识和经验，帮助企业更好地理解和适应目标市场的政策和法规。
- **品牌跨界协作**：与海外客户、合作伙伴建立合作关系，展示企业合作的成果，拓展各自的目标客户群。

跨国企业的全球资源整合是一个复杂而重要的战略议题。通过有效的资源整合和管理，企业可以提升竞争力、分散风险、促进创新与合作、适应市场变化，并在全球化经济中实现可持续发展。

同时，企业在"走出去"的过程中，通过跨职能、跨地域、跨文化的协作，能够有效地实现规模经济，降低生产成本，从而优化整个供应链。不同目标市场之间的资源共享与协作，能够激发可持续的创新动力。

## 要点小结

- 对于中国出海企业而言，走向全球的首要挑战便是如何处理来自不同文化的冲突与差异。企业人需要用欣赏的眼光，拥抱多元化的世界，运用和而不同的智慧，构建高度协作的企业文化。
- "跨国协作力的全景模型"包括内部团队协作、跨区域协作、供应链和上下游协作，以及生态系统协作。这个模型同样是出海企业提升协作力的关键着眼点。
- 协作成就双赢。宁德时代借助宝马的力量，成功进入了欧洲及全球高端汽车市场，扩大了其在全球的影响力和市场份额；宝马通过合作获得了稳定的电池供应，得以在全球范围内推出更多电动汽车，提升了其在新能源汽车市场的竞争力。
- 在企业出海或全球化过程中，总部应遵循"四要四不要"的原则：要提供战略方向、要提供资源支持、要监督关键指标、要分享最佳实践；不要过度干涉执行、不要一刀切、不要忽视本地反馈、不要僵化决策流程。
- 跨文化跨地域的协作是企业实现全球化成功的关键。
- 蒙牛与可口可乐利用2024年巴黎奥运会的合作，开创了一种特殊的战略协作模式。

- 梦工厂从客户升级为商业伙伴，NetApp与梦工厂的协作开创了一种创新的跨界合作模式，互相借力提升品牌影响力和客户群体的覆盖率。
- 企业"走出去"要充分利用协作力，充分利用全球资源整合与共享。这样既可以实现跨职能、跨地域、跨文化的协作，又可以提升竞争力和影响力。

# 第四章

# 领导力修炼：以灵活的方式领导多元化团队

> 跨文化领导力与传统中式管理存在显著差异，我们既不应自满，也不应自卑。在全球经营中，我们需要掌握跨国管理的策略与方法论，尊重本地化运营，促进不同文化之间的交流与和谐共处。通过灵活的领导方式，我们可以打造多元化的团队，并构建强大的企业组织文化。

中国古代智慧，如"修身、齐家、治国、平天下"，在当今中国企业面对全球市场时，仍具有深远的意义。在全球化的商业环境中，领导力不仅是个人能力的展现，更是团队协作和企业文化的基石。高效的领导者能够修炼自身并引领团队跨越文化和地域的障碍，凝聚多元文化的力量，实现企业的愿景和目标。

真正的领导力建立在信任与尊重的坚实基础上。面对多样化的文化背景，领导者需要首先接纳并欣赏不同的价值观和工作方式，通过这种方式激发团队的潜能，营造一个开放和包容的工作环境。

领导力的内涵非常丰富，它不仅包括对团队的高效管理，还涉及与众多利益相关者的互动和协作。特别需要强调的是，领导力并非领导者所特有，而是每位出海企业人员都应修炼的品质。

从某种角度来说，每个人都有其独特的优势和潜在的领导力特质。正如古语所言，"天生我材必有用"，关键在于如何发掘和培养这些潜能。同时，我们还需要认识到，在不同的文化和市场环境下，领导力的特点和表现也会有所不同。因此，了解并适应这些差异，对于发挥领导力至关重要。

企业出海领导力可以通过学习和深入实践得到提升。此外，专业的教练式培训也是增强这一能力的重要途径。

在本章中，我们将深入探讨领导力的培养方法，旨在帮助读者在快速变化的全球市场中，提升个人领导力和团队执行力。

## 企业出海领导者的"修齐治平"

儒家典籍《礼记·大学》提出了"修身、齐家、治国、平天下"。这是中国传统思想中以美德彰明于天下，治国安民的思想与信条。放在今天，也是激发企业出海领导力的智慧。

对于志在海外市场的领导者而言，"修身"是根本。这意味着领导者需不断自我完善，以全球视野和敏锐洞察力来引导企业前进。所谓"齐家"，即构建和谐的内部环境，强化团队合作，为企业海外发展奠定坚实的人际基础。而"治国"，指的是运用战略思维，精确规划海外市场布局，应对国际环境的复杂变化。最终，"平天下"是企业追求的最高目标，即通过卓越的管理和创新能力，引领时代潮流，履行社会责任，赢得全球市场的认可和尊重。在这一系列征程中，领导力的培养和团队管理的提升，无疑是企业成功出海的关键所在。

### "修身"：自我提升与国际视野

修身是个人成长的基础，也是企业发展的根基。正如古希腊哲学家亚里士多德所言："伟大的领导者必须首先修养自己，然后才能统御他人。"在全球市场迅速变化的今天，出海企业的管理者需要具备强烈的自我修炼意识，不断学习和自我提升。中国众多杰出的企业家都强调，领导者应保持全球视野，并持续进行自我反思与提升，这是在国际市场中取得成功的关键。

在跨文化的环境中工作，领导者除了需要具备战略远见，更应致力于理解和尊重各种文化差异。这种能力使他们能够在全球化的商业活动中更加得心应手，有效引领企业走向国际舞台。正是通过不懈的领导力修炼和持续的自我与团队提升，以及具备战略前瞻性，诸如阿里巴巴、腾讯这样的企业才能够在全球市场中保持其竞争优势。

领导者的成长不仅仅是技术知识的积累，更是一种文化的修炼和价值观的塑造。这有助于他们在多元化的环境中更好地与各方合作，理解不同国家的市场需求和文化差异，在不同文化的团队中做到游刃有余。

### "齐家"：团队协作与内部管理

在修炼自身的基础上，优秀的跨国企业管理者也必须擅长多元文化的团队建设。在全球化布局中，构建高效的团队对于支撑企业发展至关重要。以微软为例，萨提亚·纳德拉（Satya Nadella）上任后，特别重视团队协作与跨文化管理。他倡导"成长心态"（growth mindset）的理念，鼓励团队成员开放沟通、互相学习，以激发多样化团队中的创新和协作。微软在国际市场上的成功，正是基于这种包容性和多元化团队管理模式的建立。这不仅有效应对了语言和时差挑战，更提升了团队在不同文化背景下的沟通与协作能力。

在出海过程中，企业必须建立一个包容、互信的团队，以更好地应对外部复杂的市场环境。通过促进不同文化之间的理解与尊重，领导者能够激发团队的潜力，使其在全球市场中灵活应对各种挑战，从而推动企业的持续发展。

### "治国"：全球战略与本地化执行

杰克·韦尔奇曾说过："领导者的职责是把握方向，确保企业的长远成功，而不仅仅是短期利益。"在全球市场中，领导者需要制定清晰的战略，同时平衡全球化标准与本地化执行的差异。

麦当劳是一个很好的例子。它成功地将全球化战略与本地化管理相结合，适应了不同国家的市场环境。例如，在印度，麦当劳推出了无牛肉汉堡，以尊重当地的宗教习俗。这种洞悉用户需求、灵活应对和精准市场定位的能力，是全球领导者在布局和制定方向时必备的素质。

### "平天下"：全球影响力与社会责任

企业的宗旨不仅是创造财富，更在于为社会创造价值。在当今全球化的商业环境中，企业的最终目标不仅是市场竞争的胜利，更在于通过卓越的产品和服务赢得全球客户的信任，重视可持续发展，进而塑造全球影响力。对于出海的中国企业领导者而言，他们将在新一轮全球化进程中肩负起引领世界发展的重任。

以字节跳动为例，其全球化战略不仅着眼于市场份额的增长，更专注于为用户提供有价值的信息和社交体验。通过其旗下的 TikTok，字节跳动成功吸引了大量的全球用户，成为社交媒体领域的重要力量。同时，字节跳动也积极参与社会责任项目，如推动数字素养和在线安全教育，努力为不同文化背景的用户创造更优质的使用环境。

因此，企业在追求商业成就的同时，也应承担社会责任，推动可持续发展，并通过创新赢得全球市场的尊重。这种对社会负责、追求全球影响力的使命感价值观，使中国企业在复杂的国际环境中更具竞争力，成为真正的"平天下"者。

我将以上四个方面概括为"企业出海领导者的修齐治平"示意图（图 4-1）。这是一个融合了中国传统文化深刻内涵与现代管理体系的领导力修炼蓝图，对于出海企业而言，具有重要的指导意义。

第四章　领导力修炼：以灵活的方式领导多元化团队

图 4-1　企业出海领导者的修齐治平

中国古人拥有博大精深的智慧，这种智慧在今天依然令人敬佩。在全球化的商业环境中，企业出海领导者秉承修齐治平的理念，关注从修身开始，以修身为核心的循环，具有特别重要的意义。

在这方面，拥抱多元化看似简单，实际上是领导力修炼的关键。

## 以广阔胸怀拥抱多元化：IBM 的全球领导力

在跨国领导力的实践中，领导者常常面临一项核心而艰巨的挑战：如何有效地管理和引导一个多元化的团队。这种多元化不仅表现在地域和文化的差异上，还涉及年龄、性别、背景、经验以及思维方式等方面的多样性。在这个过程中，领导者不仅要妥善解决不同文化间的冲突，还需适应全球化工作环境中的各种工作习惯，并且要能够接受和包容不同类型的价值观。

拥抱多元化世界，意味着要摒弃狭隘的单一视角，广泛采纳来自不同文化土壤、拥有不同经历背景的个体的创意和工作方式。通过这样的全球视野，我们不仅能够提升团队的凝聚力，还能实现跨地域的高效协作。

许多知名的跨国公司都致力于通过领导力培训来增强管理者和关键岗位员工的能力，尤其是在适应多元化和全球化市场方面。这样的培训使得领导力的提升成为企业在不同国家和地区市场中取得成功的关键因素。

在过去近 30 年的职业生涯中，我有幸在 IBM、EMC 和 NetApp 等知名高科技跨国企业工作，参与了许多全球或区域的战略规划，并参与了不同类型的领导力培训计划。

IBM 作为一家全球领先的科技企业，多年来始终致力于推动多元化与包容性（Diversity & Inclusion）和文化敏感性的实践，并通过卓越的领导力发展项目，培养具备全球视野的领导者。这些项目不仅历史悠久、内容丰富，且还在持续演进以适应不断变化的全球商业环境。目前，IBM 所倡导的"盟友文化"（Allyship Culture），展现了其在全球化视野和多元文化接受方面的深厚底蕴（图 4-2）。

图 4-2　IBM 的企业文化强调包容与合作
图片来源：IBM 官方网站

第四章　领导力修炼：以灵活的方式领导多元化团队

在接下来的部分，我们将从三个维度探讨IBM如何通过其全球领导力培训体系，塑造跨文化的领导力。

**全球视野拓展：跨文化轮岗与多元项目实践**

为了培养具备全球化思维的领导者，IBM实施了"高管轮岗计划"（Global Executive Rotation Program），将其领导者派往不同国家和地区进行项目管理。这不仅是业务上的调动，更是深度的跨文化融入。例如，一位美国总部的高管可能会被调任至亚太或拉美市场，担任区域项目的领导；同样，一位在中国公司具有领导潜能的高管可能会被派往东南亚，负责当地分公司的业务。在此过程中，领导者需要快速适应当地的市场需求、法规政策和行业生态，并与本地团队紧密合作，理解文化差异对沟通与管理风格的影响。

曾有一位高管在印尼轮岗期间，通过调整沟通方式，提升了团队效率并显著改善了员工满意度。这种跨文化实战经验，帮助IBM的领导者在面对全球市场的复杂性时，更具战略洞察力和适应能力。此外，IBM还通过全球领导力研讨会，聚焦地缘政治、全球供应链和技术创新等前沿课题，提升高管在全球环境中的决策力。

**构建包容文化：多元管理与创新驱动**

作为多元化与包容性的行业先行者，IBM在其全球领导力项目中高度重视包容性管理，尤其在女性领导力和残障人士包容性方面表现突出。IBM不仅通过政策保障员工权益，还通过深入的包容性培训，帮助领导者打造尊重、平等的工作环境。

例如，IBM提供无障碍技术和资源，如屏幕阅读器、手语翻译等，支持残障员工在工作中的全方位融入。IBM的"多元化资源小组"（Diversity Resource Groups），如Women in Technology（科技女性）和Black IBMers（黑人IBM员工），进一步提升了不同背景员工的归属感和发展潜力。这种包容文化不仅增强了团队的凝聚力，还显著提升了创新力。

值得注意的是，IBM 的包容性政策不仅限于公司内部，还体现在与外部合作伙伴、供应链的互动中。IBM 在选择合作伙伴时，也会评估其多元化政策，确保全球供应链中的企业共同推进包容性文化。这种全球协作的多样化文化让 IBM 在全球市场中具有更大的竞争优势。

**激发多样化潜力：接受与赋能不同背景的人才**

IBM 坚信多元化不仅包括性别和文化，还应涵盖不同能力、背景和思维方式的包容。因此，IBM 推出了"回归职场计划"（Returnship Program）和退伍军人职业转型计划，为因家庭或其他原因暂时离开职场的人才提供再就业机会。此外，IBM 还致力于为失能人士创造机会——例如，公司聘请失能员工担任数据科学家、AI 建模师等专业岗位，因为 IBM 相信"不同的能力创造不同的价值"（图 4-3）。

数字

16%
的世界人口（超过10亿人）当下患有严重残疾。残障人士是人类大家庭的一份子，是人类共同体中不可或缺的组成部分。
WHO,2023年3月（ibm.com外部链接）

1:20
的人的大脑功能异于常人。神经系统差异包括自闭症、注意力缺陷多动症、阅读障碍等。
MyDisabilityJobs（ibm.com外部链接）

80%
的残障人士是隐形。
隐性残障向日葵计划（ibm.com外部链接）

图 4-3　IBM 相信"不同的能力创造不同的价值"
图片来源：IBM 官方网站

IBM 的"Neurodiversity Program"（神经多样性项目）便是一个典型案例，该项目旨在雇佣患有自闭症谱系障碍的专业人士，充分发挥其在数据分析和软件测试方面的独特优势。这种差异化的人才策略，使 IBM 在吸引和留用全球顶尖人才方面处于领先地位，并进一步推动了企业的持续创新和增长。

IBM 的多元化领导力培训超越了单纯的理论教育，而是深入结合实际业务操作。通过真实的商业项目和跨国团队协作，IBM 的领导者们在实践中深刻体会到多元化所带来的战略价值。在这里，多元化不仅仅是一项"政策"或"指标"，而是驱动创新和提升团队绩效的核心引擎。在全球化的浪潮下，IBM 的领导者学会如何包容不同文化、性别和背景的团队成员，从而塑造出一个以多样性为动力的创新文化。

现代跨国企业的领导者必须具备全球化视野与多元化管理能力，这是中国企业走向国际市场并取得成功的关键。领导力不再是少数高管的专属技能，而是每一位团队成员都应具备的核心能力。通过拥抱多元化与差异化管理，企业才能在不同文化背景与市场需求中找到共鸣，实现跨越式发展。跨国企业通过系统化的领导力培养体系，帮助高管构建全球视野、包容多元文化，并在复杂的国际市场中以差异化管理推动企业增长。这对中国企业的出海有重要启示：成功不仅取决于产品和技术的输出，更依赖于全球化领导力和多元协作。这不仅是企业领导者的使命，也是每位员工应不断培养的能力。

在塑造全球化领导力的同时，企业还面临着如何在全球标准与本地执行之间找到平衡的挑战。接下来，我们将深入探讨如何在统一的全球标准下，灵活调整本地策略，以实现卓越的市场表现。

## 全球标准与本地执行：希音的平衡之道

在全球市场环境中，企业的竞争已不再局限于产品和技术，更是品牌形象和管理能力的较量。如何在全球范围内保持品牌的一致性，同时又能因地制宜地调整本地策略，这对领导力提出了更高的要求。全球化领导力的核心，是在全球标准与本地执行之间取得微妙的平衡，从而实现品牌统一与市场敏捷应对的双重目标。

在 IBM 和 EMC 工作期间，我主要负责中国区的市场管理工作。在全球计划会议上，我始终努力为中国区争取更多的资源和预算，并坚持保持本地化策略的灵活性，激励团队创新，避免受到全球标准化模板的束缚。在 NetApp 担任亚太区市场负责人时，面对亚太区各国和地区市场的多样化需求，我需要在遵循全球战略和保持品牌一致性的前提下，找到合适的平衡点。同时，我鼓励各区域市场负责人在全球标准化框架内，发挥本地化的创造力，灵活调整市场策略和执行流程。

成功的大型跨国公司通常拥有严格的管理体系，这不仅表现在战略的制定和品牌管理上，还体现在流程的标准化上。然而，这些企业同时也刻意保留了本地市场的执行灵活性，以适应各地的市场差异。这一点对于中国的出海企业来说，既是挑战，也是值得学习和借鉴的宝贵经验。

然而，从组织行为学的角度来看，每一个职位和职能部门都有其独特的目标和利益，"位置决定行为"往往是不可回避的现实。这意味着全球标准与本地执行之间并不存在一个"理想状态"，而是充满了动态的博弈。在这种情况下，跨国企业领导者需要具备高度的协调能力，以平衡全球化战略与本地化需求的冲突。

这种在全球标准与本地执行间的博弈，要求跨国企业领导者不仅具备全球视野，还需要灵活的应变能力和强大的沟通协调技巧。而中国的快时尚出海品牌希音就是一个突出的案例。作为一家起源于中国的跨境电商企业，希音的成功背后离不开其全球视野与本地化策略的高度协调。

从全球品牌标准来看，希音始终坚守其品牌核心定位："让时尚触手可及"。其全球网站和移动应用程序采用统一的用户界面设计、简洁的导航结构以及一致的品牌色调，以确保在全球消费者心中塑造统一的品牌形象。此外，希音在社交媒体上的营销活动也秉承统一的品牌风格，通过与全球时尚达人和网红的合作，传播一致的品牌信息。

尽管品牌标准一致，希音在各地市场展现了高度的本地化适应能力。例如，在进入美国市场时，希音通过与当地网红合作推出限量款产品，提高品牌知名度；在中东市场，希音则根据当地文化推出了符合伊斯兰穿着习惯的服饰系列。这种根据市场特性进行灵活调整的策略，使希音能够快速适应并满足各地消费者的需求，并有效提升了其市场渗透力。

除了品牌管理，希音在供应链管理、产品设计与选品、营销与广告策略、价格策略、物流与配送等多个方面，均展现出了卓越的全球化领导力（参见表4-1）。通过在全球标准与本地执行之间实现精准的平衡，希音不仅成功地塑造了全球化品牌形象，还确保了品牌能够根据本地市场的独特需求进行灵活调整，从而获得了全球市场的广泛认可。

表4-1 从各经营要素看希音如何平衡全球标准与本地执行

| 要素 | 希音的全球标准 | 希音的本地执行 |
| --- | --- | --- |
| 品牌一致性 | 统一的品牌形象，全球线上购物体验一致 | 根据市场需求调整宣传内容，保持文化敏感度。例如：在美国，希音通过TikTok和Instagram营销，突出时尚特性与价格优势 |
| 供应链管理 | 通过全球化供应链系统快速响应市场趋势 | 灵活调整产品组合，以适应本地消费者偏好。例如：在欧洲，希音根据季节变化推出符合当地时尚趋势的商品 |
| 产品设计与选品 | 设计符合全球潮流，聚焦快时尚产品 | 本地化产品开发，如根据地区气候和文化需求调整商品。例如：在中东，希音推出符合伊斯兰文化和气候需求的服饰系列 |
| 营销与广告策略 | 统一的营销理念和品牌定位 | 本地化广告，利用社交媒体和网红推广，适应不同文化。例如：在印度，希音与本地时尚博主合作，增加品牌认知度 |

续表

| 要素 | 希音的全球标准 | 希音的本地执行 |
|---|---|---|
| 价格策略 | 统一的定价策略，确保高性价比 | 依据各国市场支付能力和消费习惯调整价格。例如：在拉丁美洲，希音调整价格以适应不同市场的购买力 |
| 物流与配送 | 全球统一的物流网络，快速配送 | 本地化的仓储和配送策略，缩短交货时间。例如：在美国，希音通过设立本地仓库，提供更快的交货时间 |

总体而言，全球标准与本地执行的平衡是跨国公司成功的关键。希音在全球化与本地化之间找到了一条成功的平衡路径，为中国的出海企业如何应对全球化挑战提供了宝贵的经验。

与此同时，这也对跨国公司领导层的角色演变和治理模式提出了新的挑战。特别是在全球化背景下，海外经营的企业亟须提升领导力的关键要素，让传统的职位与职能及时适应变化，以应对更加复杂多变的国际市场环境。

## 治理转型与角色修炼：从 CMO 到 CGO 的领导力演变

在中国企业出海的过程中，治理转型是一个至关重要的课题。随着企业进入国际市场，面临不同的文化、法律和市场环境，原有的治理结构往往难以应对复杂的全球化挑战。为了确保能够在全球市场中快速适应并实现可持续增长，企业必须进行深刻的治理转型。以下是几个关键的治理转型方向。

### 1. 从单总部到多总部：分布式决策的转型

随着企业的国际化，单一的总部模式往往无法满足全球化管理的需求。在这一过程中，企业逐步转向"多总部"模式，即在不同市场设立区域性或功能性的总部，形成分布式决策网络。这不仅能提升响应速度，还能更好地贴近当地市场需求，解决文化差异问题。

以阿里巴巴为例，众所周知，阿里巴巴在国内实行杭州和北京"双总部"模式。在国际化进程中，阿里巴巴同样在海外设立了多个区域性总部，例如在东南亚设立了 Lazada 总部，在欧洲设立了全球研发中心。这些总部不仅负责当地市场的运营，还兼具区域决策职能。这种模式使得阿里巴巴能在多个市场迅速响应，同时保持总部的战略指导。

## 2. 从职能化部门结构到跨职能的团队结构：扁平化与协同创新

传统的职能化结构强调每个部门独立运作，跨职能团队结构则强调不同部门之间的紧密合作。在国际市场环境中，跨职能团队能够更高效地解决复杂问题，推动创新与协同作战，尤其是在面对不同市场和客户需求时，能够灵活调整。

在网易的国际化战略中，跨职能团队的作用尤为显著。例如，网易的游戏部门在进入海外市场时，不仅依赖技术团队，还与市场营销、法律合规、用户研究等团队密切合作，形成了一个高效的全球化团队。每个团队成员根据不同市场的需求调整策略，而不是单纯依赖于总部的指令。

另一种常见的跨职能协作模式是"虚拟团队"（Virtual Team）。面对特殊的跨地域项目，来自不同国家或市场的不同职能背景的人员可以组成虚拟团队，共同追求一个目标，在项目完成过程中实现知识的互补和协作。

## 3. 从总部主导的战略到本地化的战略与执行：因地制宜的灵活管理

随着市场多元化的发展，单一总部主导的战略往往难以满足不同地区的实际需求。因此，企业需将战略制定的重心逐渐转向本地化市场，赋予本地管理团队更多自主权，以便他们根据当地市场、文化和法律环境制定更合适的策略。

海尔在全球化进程中，积极实施本地化战略。海尔不仅根据不同市场的需求调整产品线，还实现了管理模式的本地化。例如，在欧洲设立了专门的设计团队，在美国则根据当地消费者的需求推出了全新的智能家居产品。这种"人单合一"的本地化管理模式，助力海尔在全球市场中实现快速增长。

### 4. 从传统的财务控制到数据驱动的决策治理：提升决策效率与精确度

传统的企业治理模式往往依赖财务控制和预算管理，而随着信息化的推进，数据驱动的决策治理成为现代企业治理的重要趋势。企业需要通过大数据、人工智能和先进的分析工具来优化决策流程，提升管理效率和决策的精准度。

京东在全球化进程中，重视数据在决策中的作用，特别是在海外市场的物流和供应链管理方面。京东利用大数据分析，不仅能实时监控全球库存情况，还能准确预测不同地区的需求变化，从而优化供应链管理，确保产品及时送达全球消费者。对传统企业而言，数据驱动的洞察和决策同样是成功实现数字化转型的重要因素。

### 5. 从企业本地化人才管理到全球化人才培养与激励：打造全球化团队

在全球化的过程中，企业不仅要注重本地市场的运营，更要着眼于全球人才的招聘与培养。通过制定全球化的人才战略，不仅能够帮助企业更好地进入海外市场，还能提升团队的凝聚力与执行力。

华大基因在进入欧美市场时，实施了全球化的人才战略。除了在本地市场招募技术和销售人才，华大基因还重视全球管理人才的培养,推动跨文化管理培训,并通过全球激励机制吸引顶尖人才。这种跨国管理模式使华大基因迅速融入海外市场,有效推动全球业务增长。

通过上述转型方向的探索和企业实践的总结,我们可以发现,治理转型不仅是组织架构的调整,更是一场深远的战略升级。在全球化的道路上,企业必须适应各地市场需求,同时保持高效的全球资源配置与管理,方能在国际市场中稳固立足。

与此同时,随着中国企业迈向国际市场,企业领导者角色正经历着深刻的转型。这不仅是职位上的变化,更是对全球化复杂环境的适应和战略调整。观察管理职能的变化,一个典型例子是CMO向CGO(首席增长官)的转型,这体现了企业对营销职能的重新定义和战略思维的变革。

传统上,CMO的核心职责始终围绕品牌建设、市场推广和商机获取。传统CMO重视通过广告和传播手段提高品牌知名度,并通过市场调研洞察消费者需求,制定营销策略。这种职能主要聚焦于短期市场活动和品牌曝光,通常与产品、销售等部门联系较少。CMO的关注点在于如何在竞争激烈的市场中吸引更多消费者关注,从而脱颖而出。

随着市场环境的变化,单纯的营销职能已不足以应对全球化带来的复杂挑战。因此,CGO的角色应运而生。CGO不仅关注品牌推广,还需协调公司各部门资源,推动全面的增长战略。这包括通过精确的市场定位和产品创新提升收入、增强用户黏性,并通过跨部门合作(如产品、销售、技术团队)实现企业整体目标。CGO更侧重于数据分析和用户行为洞察,以推动公司业绩的长期增长。

我们可以对CMO和CGO职能的变化做一个全方位的比较(表4-2)。

表 4-2　从 CMO 向 CGO 职能的演变

| 职能 | CMO（首席营销官） | CGO（首席增长官） |
|---|---|---|
| 核心职责 | 品牌建设、市场推广、广告传播 | 全面增长战略：包括品牌、产品、用户增长、收入增长等 |
| 关注点 | 强调品牌认知、市场定位、消费者情感驱动 | 强调整体增长，通过多元化渠道和创新模式推动公司增长 |
| 战略视角 | 侧重短期的市场活动和广告推广 | 长期增长驱动，涵盖营销、产品创新、销售、客户体验等 |
| 跨部门协作 | 停留于营销、传播、广告部门之间的合作 | 与产品、销售、技术、客户服务等多部门协作，整合资源 |
| 数据驱动 | 依赖传统的市场研究与消费者调查数据 | 深度利用大数据、人工智能、用户行为分析等推动决策 |
| 主要目标 | 增强品牌知名度和市场渗透率 | 增加收入，提升用户活跃度和生命周期价值 |
| 技术支持 | 利用传统的广告、媒体渠道进行市场渗透 | 借助数字化、人工智能、数据分析工具实现精准营销和个性化服务 |

耐克是全球首批将 CMO 转变为 CGO 的企业之一。2016 年，耐克做出了这一重大转型决策，体现了耐克对全球化市场和数字化转型趋势的深刻理解。特别是在消费者行为发生显著变化、社交媒体和电子商务迅速发展的背景下，这一决策显得尤为前瞻和必要。

耐克早就意识到，在数字化浪潮全球化的背景下，传统的营销和品牌推广策略存在局限性。因此，耐克开始重视数据驱动的增长战略。这种转型不仅仅是 CMO 向 CGO 的职能升级，更是企业整体战略和组织结构的全面调整。其目标是利用更精准的数据分析，通过全渠道整合来推动公司的持续增长。

耐克的转型象征着品牌管理与企业增长战略的深度融合。作为

CGO，其职能不再局限于提升品牌形象，而是扩展至产品创新、用户体验优化、销售渠道改进等更广泛的增长领域。这种战略调整彰显了营销职能从传统的"市场推广"向全面的"增长驱动"转变的趋势。

同样，中国出海企业的领军者也在进行类似的调整。字节跳动在全球扩展过程中，将营销负责人的角色定位从专注于产品传播转变为深入了解不同国家的用户需求，调整产品策略，推动产品本地化。随着公司的快速扩张，字节跳动逐步将原本由CMO主导的营销职能转型为跨部门协作、以增长为核心的职责，强调技术创新与全球化团队的紧密合作。字节跳动的成功表明，对于快速扩张的中国企业而言，CGO不仅是营销和增长的结合体，更是跨区域战略的引领者。

从耐克和字节跳动的案例可以看出，从CMO向CGO的转型，不仅仅是职能的更迭，更是全球化战略的深化。当然，不同的企业可能会有其他职能的转变，或者采用更为创新的模式。但这类转型都体现了企业从传统的营销职能向全面的增长战略的转变，涉及品牌、产品、用户体验等多个方面。对中国出海企业而言，这一变化尤为重要。随着企业走向全球，仅仅依靠传统的营销方式已无法应对复杂多变的国际市场。企业必须采取更灵活、数据驱动的增长战略，才能在全球化竞争中脱颖而出。

然而，在追求增长的同时，企业更应关注社会责任。在全球化的背景下，企业的成功不仅体现在市场份额或财务表现的提升，更应关注对社会的贡献与责任。也就是说，在全球化中平衡经济利益与社会价值，才能践行我们传统文化中所讲的"平天下"的理想——企业不仅要追求盈利，更要在全球范围内推动社会共同发展，承担起更大的责任和使命。

## 重新定义成功：社会责任与领导力

在中国古代儒家哲学中，"平天下"被视为个人成就追求的最高理想，它不仅意味着要治理好国家，更强调实现天下大同，为社会创造福祉。在现代社会，企业不仅是经济利益的追求者，更是社会责任的践行者。卓越的企业领导力不再仅体现在市场份额的增长和技术创新的突破上，更在于在可持续发展、环境保护及社区建设中发挥积极作用。在全球化与气候变化日益显著的今天，企业承担的社会责任愈发重要。无论是大型跨国公司还是充满活力的中小型企业，都在重新定义"成功"，并将履行社会责任视为衡量其领导力的重要标准。

当然，在经济环境遇到困难的情况下，一些企业可能会面临"活下去"的挑战，或者急需通过海外市场的收益来弥补国内"内卷"导致的困境。在这种情况下，反而需要思考初衷："仅仅是为了生存而经营企业吗？""仅仅是为了生存而走向海外吗？"

如果答案都是肯定的，我相信这类企业无论在国内还是海外，都将面临持久且难以规避的问题，那就是企业是否仍具有核心竞争力。

许多中国企业已经意识到，仅追求利润最大化和市场占有率已不足以确保其长久的国际竞争力。它们开始更多地关注可持续发展、社区参与和环境保护，通过积极履行社会责任，建立更深层次的信任关系。这种转变不仅有助于提升企业在海外市场的竞争力，也促进了企业与所在国的融合与协作，展现出负责任的企业公民形象。

在国际市场上，企业履行社会责任不仅关系到自身的品牌形象，更是企业所在国家的"软实力"体现。当中国企业走向全球时，它们所展现的领导力和社会责任感，往往成为外国市场对中国企业乃至对中国整体形象的直接印象。因此，如何在全球舞台上践行社会责任，已成为中国企业不可忽视的战略课题。

许多知名的跨国企业以企业社会责任为己任，在全球推出了不同的计划和项目。例如，宝马在其全球业务中的可持续发展战略中，将社区发展与环保紧密结合。宝马通过建立与当地社区的合作关系，推动环保、教育及可再生能源项目，体现了企业在社会层面上的责任感。在德国，宝马与多家环保组织合作，推动城市交通的电动化，减少二氧化碳排放，帮助城市社区实现绿色转型。

同样，许多中国企业在海外市场展现了非凡的领导力和超越国界的责任感。作为中国电动车行业的佼佼者，蔚来汽车不仅在产品技术创新上走在行业前列，更在企业社会责任方面作出了显著贡献。蔚来汽车通过推动绿色技术、倡导低碳出行、支持环保项目等多方面的努力，展现了其作为企业公民的责任感，也树立了在全球市场中作为可持续发展领导者的形象。

通过查阅宝马和蔚来汽车的企业社会责任报告，我们可以了解到这两家公司在不同区域市场的社会责任实践（表4-3）。

表4-3 宝马与蔚来汽车在全球企业社会责任实践的对比

| 洲 | 国家 | 宝马 | 蔚来汽车 |
|---|---|---|---|
| 欧洲 | 德国 | 与环保组织合作推动城市电动化，降低碳排放；投资可再生能源项目 | 计划未来进入欧洲市场，设立换电站；通过创新技术推动低碳交通发展 |
| 欧洲 | 挪威 | 提供iX3纯电动车型，支持零排放目标；建设绿色充电基础设施 | 设立挪威换电站，减少废旧电池处理问题；推动当地电动车市场增长 |
| 亚洲 | 中国 | 推动电池回收计划，与宁德时代合作实现可持续电动化；支持教育与社区发展 | 全国布局换电站，推动"蓝天计划"；支持中国本地的环保与公益项目 |
| 亚洲 | 新加坡 | 推出电动车共享服务，减少城市交通碳排放；支持"Green Energy"（绿色能源）计划 | 计划引入换电技术，减少电动车使用成本；通过社区活动推广绿色生活方式 |

续表

| 洲 | 国家 | 宝马 | 蔚来汽车 |
|---|---|---|---|
| 北美洲 | 美国 | 投资绿色科技初创企业;与社区合作提升STEM①教育 | 设立硅谷研发中心,推动智能电动汽车技术;参与当地环保与公益活动 |
| 非洲 | 南非 | 提供低排放车辆支持当地减碳目标;通过教育基金提升当地职业技能 | 计划在南非市场推出电动出行解决方案;推动环保出行基础设施建设 |
| 大洋洲 | 澳大利亚 | 支持可再生能源与环保项目;推广低排放车型 | 计划通过换电站模式进入澳大利亚市场,推动电动汽车普及 |

宝马与多家环保组织携手合作,在德国的主要城市积极推动交通电动化。他们特别注重通过推广电动车型和建设绿色充电站来减少城市的二氧化碳排放。这种针对本土市场的环保策略不仅有助于改善环境,还帮助宝马树立了负责任和积极参与环保的企业形象。

通过其"Impact Ventures"(影响力投资)计划,宝马投资了众多专注于可持续发展的科技公司。此外,宝马还与当地社区合作,共同推动STEM教育的发展(图4-4)。这种将科技创新与社区回馈相结合的方式,不仅提升了宝马在各个目标市场的品牌形象,使其成为高端汽车的代名词,更使其成为创新与社会责任的典范。

作为进军欧洲市场的首步,蔚来汽车选择了电动汽车普及率较高的挪威市场,并推出了创新的换电站服务。这一举措不仅极大提升了电动车的使用便捷性,还有效地减少了电池废料的产生,体现了其对环保的承诺。同时,蔚来汽车秉持的"用户企业"理念在挪威市场得到了热烈的响应。通过举办各种用户社区活动,蔚来汽车不仅加强了与用户的互动,还显著提升了品牌忠诚度,为在当地市场的长期发展

---

① STEM 是科学(Science)、技术(Technology)、工程(Engineering)、数学(Mathematics)四门学科的英文首字母缩写,旨在培育学生的科技理工素养。

奠定了坚实基础。

图 4-4　BMW 和 UNICEF（联合国儿童基金会）联手，
在泰国推进儿童和青少年的 STEM 教育目标
图片来源：UNICEF 官网

"蓝天计划"是蔚来汽车在中国市场的一项重要战略。该计划通过大规模部署换电站和推广低碳出行方式，致力于减少汽车尾气排放，为改善空气质量作出贡献。此外，蔚来汽车还积极参与并支持了多个环保和社区公益项目，例如"蔚来日"活动，通过这些活动来普及环保理念，进一步强化了其在环保领域的积极形象。

宝马和蔚来汽车通过在绿色技术创新和社会责任承诺方面的努力，生动展示了企业如何在追求经济效益的同时，积极推动可持续发展和环保事业。这些案例充分说明，现代企业领导力的内涵已经超越了单纯的盈利和市场份额追求，更加重视企业如何承担起更广泛的社会责任，为全球环保和社会进步作出贡献。

特别值得关注的是，不论企业规模大小，它们都应致力于拥抱多元文化，平衡全球化与本地化战略，并在环保、社区支持和可持续发展方面发挥积极作用。这不仅对推动社会进步至关重要，同时也能显著提升品牌价值和影响力。从另一个角度来看，"修身齐家治国平天下"并不仅是对大企业的要求，而是所有企业与个人的共同追求。

## 安克创新①：多元市场的领导力修炼

有这样一家企业，其海外营收占比超过 95%。亚马逊几乎每卖出三个充电器，就有一个来自这家企业。该企业的耳机在美国和西欧市场的占有率均位列前五，其扫地机器人产品更是排名第二。这家企业在国外享有盛誉，甚至超过了在国内的知名度，它以研发和创新为核心基因，连续 8 年入选"中国全球化品牌 50 强"，被大多数人视为一家真正的跨国公司。没错，这就是安克创新。

安克创新成立于 2011 年，总部位于中国深圳，最初以生产高品质移动电源起家。随着智能设备的普及，安克创新迅速扩展产品线，涵盖充电器、蓝牙音箱、智能家居设备等，逐渐成为全球知名品牌。安克创新的使命是"为全球消费者提供最佳充电体验"，并在美国和欧洲市场取得了显著成就。

阳萌（Steven Yang）是安克创新的创始人兼首席执行官，他在谷歌的经历为安克创新的全球化发展奠定了基础。阳萌强调团队的多元化和创新思维，推动了安克创新在国际市场的快速发展，同时也建立了一个成熟的多元文化团队。

从领导力的角度来看，阳萌在多元化环境中展现了极大的包容性。他鼓励团队成员表达不同的意见，形成了多元化的决策过程。阳萌坚

---

① 注：安克创新案例部分数据取材于：Forbes.(2020). "Anker Innovations: Charging Ahead." (HBR) on January 26, 2021.

信,多样性的团队能够带来更全面的市场洞察力和创新。同时,他在复杂多变的市场环境下展现了出色的灵活性和适应性,尤其是在基于数据和用户反馈调整产品和市场策略方面,以适应不同地区的需求。这一点是跨国公司在多目标市场取得成功的关键因素。

**进入多元市场面临的挑战**

安克创新在 2013 年进入美国市场,并随后扩展至欧洲、印度和东南亚等地。在这个过程中,安克创新面临着非常多的挑战,其中最具代表性的挑战包括:

• **文化差异**:美国市场的消费习惯与中国市场存在显著差异,需要理解当地消费者的需求和文化背景。而快速扩张的业务又要求安克创新必须了解所有布局的市场,从东南亚国家、日本、印度到欧洲国家,文化差异巨大,消费者偏好也不尽相同。

• **竞争激烈**:美国、西欧等发达国家市场的竞争非常激烈,安克创新需要与众多知名品牌竞争,提升自身的市场认知度。

• **品牌形象建立**:海外市场更看重品牌知名度。作为新兴品牌,安克创新需要快速在市场上树立良好的形象,赢得消费者的信任。

**修炼全球视野与市场洞察力**

安克创新迅速意识到全球市场的巨大潜力,并通过细致的市场研究和全球布局,快速占据了市场份额。这一点离不开对全球化市场的深刻洞察。

安克创新的领导者在早期运营过程中不断修炼自身的全球视野,主动学习和适应不同市场的文化和商业模式。这样,他们能够迅速识别不同国家消费者的需求差异,并制定出相应的产品策略。

早期,安克创新就把客户群体锚定为全球 iPhone 用户,这些用户愿意为品质和品牌支付溢价。在欧美市场,安克创新通过线上直销和电商平台的战略抢占了先机，尤其是在亚马逊上的成功推广（图 4-5），反映了其对全球零售变革的深刻理解。同时，在日本等市场，安克创新针对消费者对产品设计和细节的高要求，提供了设计优雅且符合当地美学的电子产品，也获得了客户的青睐。

图 4-5　在美国亚马逊网站搜索"anker power"可以看到 120 条结果

### 建设多元化团队

阳萌在领导安克创新时，始终注重团队的多元化建设。他深知要在全球化背景下成功，必须依靠一支能够理解不同市场和文化的多元化团队。安克创新不仅在其产品上展现多元化，还通过吸纳来自不同国家、背景的员工，建立了具有全球文化包容性的工作环境。

安克创新在全球各地建立了本地化团队，特别是在美国、欧洲国家和印度。这些团队由本地员工组成，能够深入理解当地市场的文化和消费习惯。

在进入美国市场时，安克创新招聘了多位具有本土市场经验的营销专家，他们通过分析美国消费者的需求，帮助安克创新制定了更具针对性的营销策略。举例来说，针对美国市场的环保意识，安克创新推出了以环保材料制成的充电器，迅速获得了消费者的认可。

## 第四章 领导力修炼：以灵活的方式领导多元化团队

通过建立包容性文化，尊重不同文化背景、性别、年龄和思维方式的员工，安克创新营造了开放的沟通环境。这种多元化的管理风格让安克创新能够吸引来自全球的顶尖人才，增强了团队的创新力和市场应变能力（图4-6）。

图4-6　安克创新价值观："Rationalism.Excellence.Growth"
（讲道理、求卓越、共成长）
图片来源：安克创新官网

### 用户导向的产品与营销策略

安克创新展现了对差异化市场的深刻理解。不同市场的消费者在需求、偏好和使用习惯上存在显著差异。因此，安克创新推行了产品定制化策略，通过灵活调整产品特性，以适应不同市场的需求。

在美国市场成功的基础上，安克创新在欧洲市场更加强调高端产品定位，并通过本地化营销策略提升品牌知名度。在日本，安克创新则更加注重产品设计和用户体验的精细化，推出了符合日本消费者喜好的产品线。这种差异化的策略帮助安克创新在不同市场中脱颖而出。

安克创新还积极利用社交媒体与用户互动，收集产品反馈，确保产品与市场需求相符。例如，安克创新在社交媒体上发布用户调查，了解消费者对产品功能和设计的需求。在获取反馈后，安克创新迅速调整产品设计，比如针对年轻消费者推出了多款颜色和设计更时尚的移动电源，以适应他们的审美和使用习惯。

安克创新在营销上采用了灵活多样的方式，结合线上线下渠道，以提升品牌曝光度。安克创新与技术博主合作进行产品评测，借助这些意见领袖在社交平台上的影响力，快速提高了品牌知名度。此外，安克创新还根据不同市场的特点制定了差异化的广告策略。例如，在欧美市场，安克创新强调其产品的高科技和用户友好性；在东南亚市场，则强调产品的高性价比和实用性。

在 Instagram 等社交媒体平台上，安克创新在日本等市场利用与"变形金刚"（Transformer）的合作推广视频，在尼泊尔这样的特殊市场则充分展示本土元素。这种用户导向的灵活性展现了安克创新作为一家跨国公司的多元文化适应力。

安克创新通过积极的市场推广和高质量的产品成功进入了多个海外市场，取得了良好的业绩，并赢得了良好的品牌形象。消费者普遍将安克创新视为高品质和高性价比的品牌。根据 MarketWatch 的调查，安克创新在 2019 年被评为"消费者首选品牌"，其产品的用户满意度高达 95% 以上。

安克创新的案例展示了中国企业如何在全球化过程中有效地应对多元化与差异化的挑战。在阳萌的领导下，安克创新通过建立多元化团队、积极倾听用户反馈、灵活运用市场策略，成功实现了国际市场的扩展。这些成功不仅体现了全球化视野下的领导力，还为其他中国企业提供了宝贵的借鉴，证明了在全球化背景下，领导力修炼能力是实现出海成功的关键。

### 天生我材必有用：洞察自我，成就领导力

"知人者智，自知者明。"这是老子在《道德经》中的名言，强

调了了解他人是智慧的表现，了解自己则是一种更高层次的智慧。这一理念在中国古代哲学和现代管理学领域都得到了广泛的认同。正如马库斯·白金汉（Marcus Buckingham）和唐纳德·克利夫顿（Donald O. Clifton）在《发现你的优势》（*Strengths Finder 2.0*）①一书中所指出的，每个人都有独特的优势，能够在不同情境下展现出特定的领导力。在全球化的商业环境中，不同市场背景需要多样化的领导风格。如果员工能够充分发挥自身的优势，不仅能够实现个人成长，还能推动企业在国际市场中的成功。

在当今跨国企业的职场中，了解并发挥个人优势已成为提升领导力的关键。借助工具如 Strengths Finder 和 MBTI②（这是目前在中国流行的自我评估方法），每个人都可以更清晰地认识自己的性格特点和领导风格，从而更有效地适应多元化的工作环境。同时，结合实际工作情境进行反思，有助于领导者精准地满足企业需求，提升个人和团队的绩效。

随着中国企业纷纷走出国门，许多企业的中坚力量被派往不同国家或地区担任重要职务。这不仅是锻炼人才国际市场经验的大好机会，同时也意味着这些人才需要全面提升自身能力，尤其是在领导力方面。了解他人，认识自己，充分发挥个人特长，将更有效地适应多元化的国际市场环境。我们可以通过两个具体案例来进一步了解这一点。

## 案例1：A公司东南亚市场总监李楠——灵活应变与人际关系驱动

李楠是 A 公司派驻东南亚市场的市场总监。在加入新岗位之

---

① 中译本译为《现在，发现你的优势》，于 2012 年由中国青年出版社出版。Strength Finder 由克利夫顿创立，旨在通过分析行为性格特点发现个人优势。
② MBTI 是一种人格类型评量工具，由卡尔·荣格的类型理论发展而来，旨在让健康个体理解自己和他人的认知与决策倾向。

前,他通过 Strengths Finder 评估,发现自己的五大优势分别为适应力(Adaptability)、战略思维(Strategic Thinking)、人际关系(Relationship Building)、同理心(Empathy)和规划能力(Planning)。东南亚市场因其文化的多样性、市场发展阶段的差异以及复杂的商业环境,对外派人员的适应能力和文化敏感度要求极高。

在进入东南亚市场初期,李楠面临的最大挑战是应对各国不同的市场规范和客户需求。例如,当地合作伙伴对关系和信任的重视程度远超合同条款。因此,李楠凭借其适应力和同理心,花费大量时间亲自拜访主要客户和合作伙伴,参与他们的节庆活动,以展示尊重与诚意。他的这番举动不仅迅速赢得了客户的信任,也帮助他建立了稳固的商业关系网络。

在一次与印尼关键客户的合作谈判中,李楠发现对方对全球标准化方案持怀疑态度。他立刻调整策略,以"本地化"为切入点,根据印尼市场的特殊需求进行了定制化调整,最终成功签约,为公司在印尼市场打开了局面。李楠的这一策略调整,充分体现了他灵活应变的领导风格和对当地市场的深刻理解。通过这样的实践,他不仅巩固了与印尼客户的合作关系,也为公司在该地区的长期发展奠定了基础。

同时,李楠依靠其战略思维和规划能力,整合东南亚各国的市场洞察,制定出一套适应性强的区域性营销策略。这套策略帮助团队在多变的市场环境中灵活调整战术,以最大化市场渗透率。

凭借其以人为本的领导风格,李楠鼓励团队成员主动分享各自的市场见解,并发挥个人特长,从而激发出团队的创造力和协作精神。在他的领导下,A 公司在竞争激烈的东南亚市场取得了显著增长。

李楠的领导风格强调灵活应变和情感连接,这在文化多样性较强的东南亚市场显得尤为重要。他通过有效的沟通与人际关系管理,推动团队更好地理解和服务本地客户,这不仅提升了团队的绩效,也增强了公司在东南亚市场的竞争力，并为 A 公司在该地区的快速增长奠定了基础。李楠的这种领导方式，在促进团队协作和满足客户需求方面发挥了关键作用，是公司在多元化市场中取得成功的重要因素。

## 案例 2：B 公司欧洲市场销售总监王翔——目标导向与竞争精神

与李楠的温和领导风格不同，王翔作为 B 公司派驻欧洲市场的销售总监，发现自身的特点在于成就导向（Achiever）、冒险精神（Risk Taking）、沟通能力（Communication）、竞争意识（Competitive）和学习力（Learning）。他所面临的欧洲市场竞争激烈、客户需求多变且精细化，对销售团队的绩效和策略调整能力提出了极高的要求。

在王翔刚接任之际，他察觉到团队氛围低迷，主要因为连续几个季度业绩不理想。经过深入调查，他迅速对激励机制进行了调整，并设定了明确、可衡量的短期销售目标，以重燃团队的斗志。这一改变效果显著，团队士气很快得到了提升。此外，王翔定期组织"销售战术头脑风暴"会议，凭借出色的沟通技巧和竞争意识，激发团队成员在讨论中产生创新思维。例如，在年度与德国市场客户的谈判中，王翔敏锐地洞察到客户对新兴技术解决方案的浓厚兴趣，随即对产品组合进行了调整，成功拿下了一份价值数百万欧元的订单。

在欧洲市场，王翔充分展现了其冒险精神和学习能力。他积极推动跨国销售实验计划，将新技术和数据驱动的决策模式引入传统市场。同时，他勇于打破常规，在疫情期间主动尝试线上虚拟展会的销售模式，在竞争对手普遍停滞不前时，使得公司能够抢占更多市场份额。在王翔的带领下，B 公司欧洲市场的年度销售额连续两年实现了两位数的增长，成为公司全球业绩的一大亮点。

李楠与王翔的案例说明，在全球化职场中，每个人都能通过洞察自身优势，找到最适合自己的领导风格。无论是擅长灵活应对、以人为本的"适应型"领导者，还是注重成果、竞争至上的"目标型"领导者，每种领导风格都有其独特价值。通过挖掘并放大个人优势，每个人都能在全球舞台上找到自己的位置，实现个人与企业的共同成功。正如《发现你的优势》一书所强调的，每个人都有独特优势，这些优势在特定情境中能释放巨大潜力。通过自我评估和不断反思，我们能更好应对挑战，实现自我价值，并带领团队达到更高目标。

同样，挖掘个人优势至关重要，如何将这些优势转化为实际行动，系统性地帮助团队成长，也是不可或缺的。在我近30年的跨国企业工作经历和领导力培训中，有一个英文词汇给我留下了深刻印象——"Coaching"，我将其称为"赋能教练法"。优秀的人才需要恰当的引导，以发挥他们的天赋和特点。在当今企业快速发展的背景下，卓越的领导者不仅是自我驱动的典范，更是发掘和激励他人潜能的导师。通过运用教练技术，领导者能够帮助团队成员发现并发挥他们的潜力，实现真正的团队赋能，进而推动企业整体绩效的提升。

## 赋能教练法：领导力修炼的艺术

在全球化市场的激烈竞争中，领导者如何引领团队突破瓶颈、实现目标，成为每家企业迫切需要解决的核心问题。近年来，"Coaching"（赋能教练法）在全球企业管理中越来越受到重视。这个概念起源于20世纪70年代的运动心理学，并逐渐被引入企业管理领域。如约翰·惠特默（John Whitmore）的《教练式领导：激发个人与团队潜能的技巧》（*Coaching for Performance*）以及他在书中提出的"GROW"（即目标"Goal"、现状"Reality"、选项"Options"、行动"Will"）等著名教练模型，为企业领导者提供了一套行之有效的方法。这些方法帮助团队成员设定明确的目标，识别当前的挑战，探索多种可能的解决方案，并制定出切实可行的行动计划。

作为一种帮助他人发挥潜能的管理工具，Coaching 不仅强调挖掘个体潜能，更注重通过对话、提问和反馈来引导团队成员独立思考，最终实现自我驱动的成长。这种方法特别适用于变化迅速、竞争激烈的跨国企业环境。在近 30 年的跨国企业工作经历中，我深刻体会到 Coaching 技术不仅提升了我的个人领导力，也对整个团队的绩效产生了积极的推动作用。

回顾我在跨国公司的工作经历，尤其是在 IBM、EMC 和 NetApp 等全球化企业担任高管的岁月里，我有幸接受了许多专业教练的指导。这些教练在我面临复杂决策时帮助我厘清思路，在多元文化环境中提升我的领导力。记得当我刚开始接管 NetApp 亚太区市场时，公司为我指派了一位专业咨询顾问 Meta。Meta 是一位经验丰富的教练，曾担任过许多知名跨国企业的 CMO。她的公司位于洛杉矶，每周会通过视频跟我进行一小时的交流。在她的帮助下，我学会了如何快速理解各国市场的独特性，如何制定个人成长计划与利益相关者管理策略，以及如何平衡总部与各地区团队的利益。这些技能都得益于 Meta 教练给予我的深入引导。特别是她通过一系列开放性问题，帮助我从不同角度审视问题，激发了我制定创新解决方案的能力。

同样，我也将这种教练方法应用于自己的团队管理中。例如，新任东南亚市场经理斯蒂芬妮（Stephany）在上任之初就面临着复杂的管理环境和多样化的利益相关者。在一对一的教练对话中，我首先帮助她梳理当前的挑战，从团队内部沟通问题到外部客户管理。通过 GROW 模型，我引导她设定了短期和长期目标，并针对东南亚市场的文化差异提出了定制化的行动计划。最终，她不仅迅速融入了新环境，还在短短半年内实现了业绩的显著增长。

另一个典型案例是新任印度市场经理瓦伦（Varun）。他上任后面临的主要挑战是销售部门不断提出过高的预算要求，导致市场营销资源分配紧张。我通过教练对话帮助他识别问题的根源，梳理销售与市场部门的目标差异，并引导他与销售部门达成一致的预算策略。通过这种方式，瓦伦在三个月内成功平衡了预算分配，并提升了团队的协作效率。

随着越来越多的中国企业探索海外市场，领导者面临的挑战不仅仅是市场进入策略，还包括如何激发本地团队的潜力，建立跨文化的协作氛围。在这方面，Coaching 显得尤为重要。它帮助企业领导者不仅关注业务指标，还关注团队成员的成长与发展。这种由内而外的赋能方式，能够有效提升团队的凝聚力和执行力。

离开跨国企业后，我创立了帆海策略咨询公司，专注于帮助中国出海企业培养员工的领导力，特别是为营销管理者提供教练式的指导。在与客户的合作中，我发现 Coaching 在中国企业的本地化落地中发挥了至关重要的作用。它不仅帮助管理者更好地理解和应对本地市场的需求，还有助于培养一支具备全球视野和本地执行力的团队。

在瞬息万变的全球市场中，企业的成功不仅取决于策略，更取决于人。领导者作为团队的核心驱动力，其作用不仅是指挥，更是引导。通过 Coaching，领导者能够帮助团队成员发现潜力、激发动力，从而实现个人与团队的共同成长。对于中国企业来说，尤其是在海外市场的拓展中，Coaching 将成为一项不可或缺的领导力工具。未来，随着更多中国企业踏上全球化的征程，教练式领导力将成为推动企业持续成长的关键力量。

## 要点小结

- 中国古代智慧，如"修身齐家治国平天下"，在当今中国企业面对全球市场时仍具有深远的意义。"企业出海领导者的修齐治平"示意图融合了中国传统文化的深刻内涵与现代管理体系的领导力修炼蓝图，对于出海企业具有重要的指导意义。

- 现代跨国企业的领导者必须具备全球化视野和拥抱多元化的能力，在跨国环境中实现差异化管理，这样才能在不同文化背景和市场需求中找到共鸣。IBM 的"抱诚守真"理念体现了其作为全球领导型企业的开放与包容。

- 在全球标准与本地执行之间的博弈中，跨国领导者不仅需要具备全球视野，还需要灵活的应变能力和强大的沟通协调技巧。中国的快时尚出海品牌希音就是一个突出的案例。希音的平衡之道是其国际市场中取得成功的重要因素之一。

- 随着企业进入国际市场，面临不同的文化、法律和市场环境，原有的治理结构往往难以应对复杂的全球化挑战。为了确保在全球市场中快速适应并实现可持续增长，企业必须进行深刻的治理转型。本节列举了五种转型情况，同时分析了全球化环境下的重要角色的转型。以耐克和字节跳动作为案例，展示了从 CMO 到 CGO 的转型。这不仅仅是职能的更迭，更是全球化战略的深化。

- 在现代社会，企业不仅是经济利益的追求者，更是社会责任的践行者。卓越的企业领导力不再只体现在市场份额的增长和技术创新的突破上，更在于在可持续发展、环境保护及社区建设中发挥积极作用。书中以宝马和蔚来汽车为例，展现了它们的企业社会责任与塑造的影响力。

- 安克创新作为一家成功的中国出海企业，凭借其多元化和强大的领导力，在国际市场上取得了显著的成功。对中国出海的中小企业而言，这是一个非常值得研究的案例。

- 每个人都有独特的优势，能够在不同情境下展现出特定的领导力。在全球化的商业环境中，不同市场背景需要多样化的领导风格。

出海企业的员工可以利用"Strengths Finder"方法论充分了解自身，充分发挥自身的优势。

- 在瞬息万变的全球市场中，企业的成功不仅取决于策略，更取决于人。通过Coaching，领导者能够帮助团队成员发现潜力、激发动力，从而实现个人与团队的共同成长。对于中国企业来说，尤其是在海外市场的拓展中，Coaching将成为一项不可或缺的领导力修炼工具。

第五章

# 影响力修炼：提升品牌影响力才能脱颖而出

在全球化的浪潮中，企业的影响力不仅源于产品和服务的质量，更在于企业在市场中的可见度和品牌认同。影响力是企业生存和发展的关键，企业需以长期主义思维来塑造自身的影响力。建立影响力是一个长期且策略性的过程，涉及有效的内容、积极的传播和品牌塑造，以及与客户和利益相关者的深入互动。在跨文化环境中，理解和尊重不同文化背景下的需求和期望，能帮助企业更好地传达其核心价值，提升市场认可度。对于希望在国际化市场中成功的企业来说，提升影响力不仅是管理层的责任，也是每位员工应共同追求的目标。

在全球化的商业舞台上,企业的影响力已成为生存与发展的核心要素。这种影响力的基础是品牌形象——一个优秀的品牌形象不仅能吸引客户,还能赢得市场的信任与尊重。影响力如同水中荡起的涟漪,从个人、团队到企业,再到社会与全球,每一层波纹都体现了塑造品牌形象与传播的深远意义。

企业构建影响力,往往从"内修"开始,通过管理内部利益相关者来赢得信任,并逐步扩展到外部客户和合作伙伴。在这一过程中,"内部利益相关方象限分析法"能帮助企业有效管理内部关系,"全球影响力关系模型"则为外部关系的构建提供了框架支撑。与此同时,全球化的声誉管理与风险控制成为关键,信任的建立往往比简单的关系管理更具决定性。

内容营销是构建影响力的关键战略之一。无论是可口可乐通过文化共鸣传递品牌价值,还是奈飞(Netflix)通过本地化内容吸引全球观众,这些成功案例都彰显了精准内容管理、设计和传播的强大效果。除了这些跨国巨头,中小企业也能通过创新策略塑造独特的影响力。例如,疆海科技"点亮柏林圣诞节灯饰"的成功案例,为资源有限的企业提供了可行的借鉴路径。

此外,企业的每一位员工都是品牌形象的代表,他们的言行不仅影响企业的整体形象,更塑造着一个国家在全球市场中的认知。因此，影响力的构建既是企业的战略目标，也是每位员工共同参与的使命。本章将深入探讨企业如何在复杂的市场环境中，通过系统化的内容营销、声誉管理和风险控制，构建、提升并持续放大其影响力，从而在全球市场中赢得更大的发展空间。

## 影响力的"波纹效应"

企业出海面对全球市场，影响力如同一张无形的名片，不仅承载着企业的价值观、企业文化和实力，更是企业在激烈的市场竞争中脱颖而出的关键。

管理大师彼得·德鲁克曾经说过："企业的唯一目的就是创造客户。"而创造客户，离不开强有力的品牌影响力。品牌形象，作为影响力的基石，其重要性不言而喻。

知名品牌学者凯文·凯勒（Kevin Keller）提出的品牌资产模型 CBBE（Customer-Based Brand Equity，基于消费者的品牌价值模型）强调，品牌形象不仅是消费者对品牌的认知，更是品牌在市场中的整体定位。通过有效的品牌传播，企业可以塑造积极的公众认知，从而提升影响力。

在全球化的商业环境中，跨国公司如苹果和可口可乐都展现了这一理论的实效。苹果通过一贯的创新形象和优质的用户体验，赢得了全球消费者的忠诚；可口可乐则通过强有力的品牌故事和情感营销，成功构建了与消费者的深厚联系。

在新一轮的出海大潮中，部分企业仅仅追求短期利益，即所谓的"搞钱"或"赚快钱"。这种短视行为应该避免，因为缺乏影响力和品牌溢价的支持，追求快钱往往会导致"快钱"变为"辛苦钱"。此外，仅仅依靠低价策略进入海外市场，虽然能获得一些微薄利润，但同时也会损害企业持续创新的能力，甚至可能损害企业形象，进而对企业和整个国家的出海产业产生负面影响。

把石子投入水中，我们会看到一圈圈的波纹发散出去。影响力也表现为一个类似的"波纹效应"（图5-1），即从个体到团队组织、企业、社会，乃至全球。

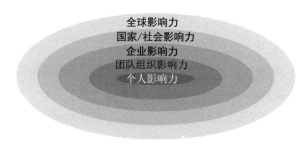

图5-1 影响力的"波纹效应"

- **个人影响力**（Personal Influence）：指个体在社交、职业和生活中影响他人行为和决策的能力。这种影响力基于个人的魅力、专业知识和信任感。

- **团队组织影响力**（Team & Organizational Influence）：涉及团队内部成员之间的互动和协作，以及如何通过团队合作实现共同目标。有效的沟通、共享愿景和团队文化是提升这一影响力的关键。

- **企业影响力**（Corporate Influence）：指企业在市场、行业或社会中的地位和声誉。它源自企业的品牌形象、产品质量和社会责任感，以及与客户、合作伙伴的关系。

- **国家/社会影响力**（Social Influence）：涉及企业或个人在国家或地区社会中的作用，包括对政策、文化和社会行为的影响。这种影响力能够通过公共关系和社会责任活动得到增强。

- **全球影响力**（Global Influence）：体现在国际舞台上的影响力，表现为跨国合作、文化交流与经济互动的能力。这种影响力源自品牌的外在形象，以及在全球范围内所建立的网络关系。它体现了不同国家和地区对某一品牌的认知和接受程度。

在"波纹效应"中，核心是投入水中的那颗石子，溅起的第一波涟漪会影响所有的波纹。个体力量虽小，却决定着组织、企业乃至整个社会的影响力。因此，影响力修炼的意义非凡。

对于出海企业来说，提升影响力意味着在广阔而陌生的市场中迅速树立品牌形象，赢得消费者的信任和认可，从而提升影响力。这不仅有助于促进产品销售，还能为企业带来更多商业机会和合作伙伴。同时，强大的品牌影响力还能帮助企业抵御市场风险，提升竞争力和抗风险能力。

苹果公司的创新形象深入人心。从商业分析角度看，苹果手机在其产业链中占据了极高的利润份额。根据多项市场研究数据，苹果手机的利润在整个智能手机产业链中的份额可以达到75%~80%。这一现象背后，除了研发与创新因素外，品牌溢价是一个关键的核心要素。

无独有偶，海尔通过长期的品牌建设和技术创新，在全球家电市场树立了高端形象。在坚持长期主义理念的全球化拓展中，海尔从传统制造企业成功转型为高科技公司，打造了全球知名的高端家电品牌。通过提供定制化和智能化的产品，海尔获得了显著的品牌溢价，不仅在全球家电市场占据了领先地位，利润也持续增长。

中国企业在全球市场中的竞争，应从长远角度规划战略，避免陷入短期主义的陷阱。建立强大的品牌形象至关重要，通过品牌溢价可以增强企业的国际竞争力和市场定位。持续的品牌建设不仅能帮助企业在国际市场上稳固地位，还能提升议价能力和利润空间。此外，中国企业的成功也将有助于提升国家在全球舞台上的影响力。因此，在国际化过程中，应注重可持续发展与品牌的长期效应，避免急功近利。

## 出海企业影响力：始于内部利益相关方管理

"利益相关方"（Stakeholders）这个概念应用非常广泛，通常指的是在需要协调和管理多方需求和期望的各种场合中涉及的个人或团体,尤其是在资源分配、决策制定和企业责任的领域。在不同的场合,利益相关方的组成也不尽相同。

对于出海企业来说,成功的海外拓展不仅依赖于对外部市场的了解和关系网络的建设,还必须从企业内部入手,有效管理内部利益相关方,才能为企业的全球影响力塑造打下坚实基础。正如同影响力的"波纹效应",内环的波动能量越强,对最外层的影响力越大。

出海企业要修炼影响力,首先必须从内部利益相关方开始。这些内部利益相关方通常包括公司总部的高层管理者、不同职能部门的负责人、区域市场的核心团队,以及供应链、财务等支持部门。这些角色虽然未必直接面对外部市场,也未必在日常工作中每日合作,但他们的决策、配合与支持对出海业务的成功至关重要。如果企业内部无法形成一致的战略、资源分配和执行力,外部市场的拓展将步履维艰。

为了帮助出海企业更清晰地梳理和管理其利益相关方,我推荐使用一个特别的方法论,即将利益相关方按照相关程度(横坐标)和影响力程度(纵坐标)进行分类,形成四个象限。我们不妨称之为"利益相关方象限分析法"(图5-2)。

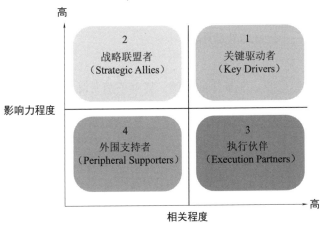

图5-2 利益相关方象限分析法

### 第一象限：关键驱动者（Key Drivers）

高相关度、高影响力的人士对工作至关重要，他们的决策直接关系到企业在目标市场的成功。因此，我们需要持续关注他们，并投入大量精力与他们建立和维护良好的关系。

### 第二象限：战略联盟者（Strategic Allies）

低相关度、高影响力的利益相关方虽然不直接参与日常工作，但他们的支持或反对对市场表现有着显著影响。因此，我们需要定期与他们沟通，确保他们对我们的工作有认同感。

### 第三象限：执行伙伴（Execution Partners）

高相关度、低影响力的利益相关方与日常工作紧密相关，尽管他们的影响力较小，但他们的支持对于提高市场运作效率至关重要。因此，我们需要定期与他们沟通，保持良好的合作关系。

### 第四象限：外围支持者（Peripheral Supporters）

低相关度、低影响力的利益相关方与日常工作和企业成功的直接联系较少。然而，通过定期与他们联系，我们可以保持信息透明度，从而营造一个良好的外部环境。

让我们来看一个具体的案例，某电子消费品公司 A 出海东南亚市场，由市场总监李东负责该市场的推广和管理。李东在上任初期面临的首要任务之一是强化合作与资源整合，有效管理内部利益相关方，以助力公司在新市场的成功。面对公司错综复杂的合作方和繁杂的事务，李东运用利益相关方象限法，清晰地分析了内部利益相关方，并进行了有效的管理（图 5-3）。他采取了一系列措施以提升自己的影响力，从而更加有效地推动了公司在东南亚市场的布局和发展。

第五章　影响力修炼：提升品牌影响力才能脱颖而出

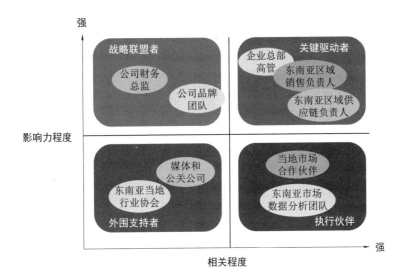

图 5-3　A 公司东南亚市场总监李东的利益相关方分析

首先，李东确定了**"关键驱动者"**，包括企业总部的高层管理者和东南亚供应链负责人及销售负责人。这些高层管理者虽然不直接参与东南亚市场的日常运营，但他们掌握着资源和战略决策权，对李东在本地市场的支持至关重要。为了赢得他们的信任和支持，李东通过定期的报告和沟通，向总部高层清晰地展示了市场的进展和需求。特别是在数据和市场反馈的基础上，他证明了东南亚市场的潜力和投资回报率。李东不仅提供了详细的市场预测，还依据数据提出了合理的资源分配建议，成功获得了更多资金和人员的支持。

与此同时，李东也重视操作层面的利益相关方即**"执行伙伴"**，如当地市场合作伙伴和东南亚数据分析团队。尽管这些团队在市场战略决策上的影响力较小，但他们对市场的日常运营至关重要。李东通过建立跨部门的协作机制，确保这些团队之间的紧密合作，并定期组织内部会议，分享市场的最新信息和团队工作进展，从而提升了团队间的协同效应。

针对**"战略联盟者"**象限的利益相关方，尽管他们不直接参与李东的日常工作，但他们的支持或反对对市场表现有着显著影响。李东需要定期与他们沟通，确保他们对市场战略的认同。特别是公司财务总监和品牌团队，他们在潜在支持方面发挥着重要作用。

至于**外围支持者**，如媒体、公关公司和当地行业协会，由于这些组织在短期内不直接参与业务，且李东在东南亚市场开拓初期时间和精力有限，因此他决定将这部分利益相关方暂时放在后续进行处理，将核心关注点放在前三个象限的利益相关方上。

通过有效管理这些内部利益相关方，李东不仅赢得了总部的支持，还在东南亚市场团队中极大地提升了威信和影响力。这种影响力的"波纹效应"正向传播，逐渐扩散到外部，最终为企业在外部市场的成功奠定了基础。

## 全球影响力关系模型：可口可乐与比亚迪如何塑造全球影响力

企业的影响力不仅依赖于内部利益相关方的管理，还取决于其如何处理复杂的外部关系。在全球化市场中，企业必须在多个维度与外部利益相关方建立并维系良好的关系，以增强其竞争力和影响力。这种全方位的关系管理，已超越了传统的客户与合作伙伴范畴，涵盖了分析师、媒体、政府、投资者等多方角色。

要实现外部关系的有效管理，企业不仅要懂得"管理关系"，更需要赢得各类利益相关方的长期信任。维护关系相对简单，而信任最难得，只有企业在各类关系中展现出透明度、一致性和可靠性，才能在跨文化、多元复杂的全球市场中立足并持续发展。

在长期的跨国业务管理实践中，我构建了"全球影响力关系模型"（Global Influence Relations Model）（图5-4），该模型根据利益相关方的类型对企业的外部关系进行分类，每一类关系都发挥着关键

第五章　影响力修炼：提升品牌影响力才能脱颖而出

作用。

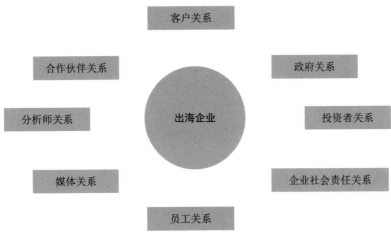

图 5-4　全球影响力关系模型

客户关系 (CR，Customer Relationship) 是企业发展的重要基石，无论在 B2B 还是 B2C 领域。客户关系管理不仅仅是满足客户的基本需求，更包括与客户建立长期合作伙伴关系，以赢得客户的忠诚度。跨国企业通过实施客户忠诚度计划和提供个性化服务，来保持其在市场中的竞争力。良好的客户关系不仅能增强品牌忠诚度，还能通过口碑传播，进一步扩大品牌的影响力。

合作伙伴关系（PR，Partner Relationship）对于跨国企业的成功至关重要。企业的供应链、销售渠道和各类合作伙伴都是其成功的关键因素。建立和维护良好的合作伙伴关系能够提升企业的供应链效率，并有助于企业开拓新的市场。对于零售和消费品牌而言，管理与电商平台（如亚马逊、天猫、京东等）乃至各类社交传媒"达人"的关系尤为重要。根据不同的目标市场布局，电商平台成为产品曝光和销售的重要渠道与支点。

媒体关系（PR，Public/Media Relationship）在企业的公共传播中

扮演着桥梁的角色。良好的媒体关系不仅能带来正面的报道，还能在企业面临危机时，帮助维护其声誉。通过精准的媒体关系管理，企业可以提升品牌的曝光度，并在公众和消费者心中树立积极的形象。

分析师关系（AR，Analyst Relationship）对于企业塑造市场形象至关重要。与行业分析师保持良好的互动，可以帮助企业更好地展示其市场地位和战略方向。分析师的观点往往对行业趋势和投资者的决策产生重要影响。因此，企业可通过定期举办分析师会议、发布报告以及保持透明沟通，确保分析师能够准确理解企业的战略意图和发展潜力。特别是对于科技类和消费电子产品企业来说，如苹果、三星、华为等面向消费者的科技巨头，有效管理分析师关系尤为重要。这些分析师不仅对企业产品在市场上的口碑有着显著影响，还能为企业提供关于技术创新和市场策略的分析、报道与反馈。

政府关系（GR，Government Relationship）在全球业务拓展中扮演着关键角色。政府政策和法规对企业运营有着深远的影响。通过与政府建立合作关系，企业可以获得政策支持、税收优惠，以及在危机时刻确保运营环境的稳定。例如，在东南亚市场，一些跨国企业通过积极参与地方社会责任项目，赢得了政府的信任和支持，从而为企业的长期发展创造了有利条件。

投资者关系（IR，Investor Relationship）对于上市公司而言至关重要。保持与投资者之间的透明沟通是企业稳定资本市场的关键。定期披露财务业绩和未来战略规划，能够增加股东对企业的信任，稳定市场对企业的预期。这样的做法不仅能够让外界对公司的评价保持积极，还能帮助企业树立良好的公众形象。对于非上市企业而言，维护与各类投资方的关系同样重要，这有助于企业获得必要的支持和资源。

企业社会责任关系（CSR，Corporate Social Responsibility elationship）是企业与其所在社区之间的重要联系。企业对社区的投入不仅能够展现其社会责任感,还能在当地市场赢得良好的声誉。特别是在发展中国家,企业通过参与环保、公益和社会项目,可以有效提升其影响力。通过履行社会责任,如积极参与环境保护、教育支持和公益活动,企业能够增强其在社会中的影响力。

员工关系(ER,Employee Relationship)是企业外部影响力的基础,尽管在上一节中已经讨论了内部利益相关方,但这一点仍值得再次强调。通过提高员工的忠诚度和满意度,企业可以借助员工的口碑来进一步扩大其外部声誉。此外,在许多国家,法律规定企业必须设立工会组织。因此,企业应遵守相关法律,尊重工会的角色,并积极与工会进行沟通协商,以避免对立情绪,这有助于减少不必要的冲突和误解。

全球影响力关系模型的建立有助于企业更有条理地管理和优化其对外沟通和协作模式,从而逐步构建起一个稳定、互信的外部利益相关方网络。例如,我们可以通过观察两家不同类型的跨国企业——可口可乐与比亚迪在全球市场影响力关系管理方面的做法来进一步理解这一点,如表 5-1 所示。

表 5-1 可口可乐与比亚迪的海外市场影响力关系管理

| 关系管理类型 | 可口可乐(印度市场) | 比亚迪(欧洲市场) |
|---|---|---|
| 客户关系(CR) | 在印度推出"可乐共享"活动,鼓励消费者通过社交媒体分享与朋友的快乐时刻,提升品牌参与度 | 在欧洲推出"比亚迪用户俱乐部",提供专属客户服务和忠诚度计划,举办线下交流会与客户互动,收集反馈 |
| 合作伙伴关系(PR) | 与当地瓶装商和分销商建立紧密合作,通过联合促销活动提高市场覆盖率,例如与大型连锁超市合作推出限量版可乐 | 与欧洲的汽车制造商和零部件供应商建立合作伙伴关系,共同开发电动车及相关技术,推动电动车充电基础设施建设 |

续表

| 关系管理类型 | 可口可乐（印度市场） | 比亚迪（欧洲市场） |
|---|---|---|
| 媒体关系（PR） | 在2019年通过多渠道媒体宣传"共享可乐"广告活动，组织新闻发布会吸引媒体关注，提升品牌曝光度 | 积极通过新闻发布会和社交媒体向当地媒体发布关于新车型的相关新闻，提升品牌在欧洲市场的认知度，参与媒体采访，讲述电动车的环保优势 |
| 分析师关系（AR） | 定期邀请行业分析师参加在孟买和新德里举办的产品发布会，介绍公司在印度市场的增长战略和创新产品，提供深入的市场分析 | 在欧洲主要城市举行分析师见面会，邀请投资分析师讨论比亚迪的市场前景和技术创新，分享公司财务数据和增长战略 |
| 政府关系（GR） | 积极参与印度政府的"清洁印度"运动，提供资金和资源帮助改善公共卫生设施，赢得政府的支持和认可 | 在德国和法国等国与政府合作，推动电动车补贴政策，参与可再生能源政策的制定，增强与地方政府的合作关系 |
| 投资者关系（IR） | 定期召开投资者会议，讨论财务表现和未来战略，并通过透明的信息披露增强投资者信任 | 定期在香港发布财报，并与全球投资者进行交流，分享在欧洲电动车市场的成长战略，增加投资者的信任与支持 |
| 企业社会责任关系（CSR） | 开展"可持续发展项目"，与学校合作举办环保教育活动，鼓励学生参与环境保护，提升社会责任感 | 推动电动车的普及，参与当地环保活动，如植树和清洁活动，同时与学校和社区合作开展电动汽车环保教育项目，提升公众对电动车的认知 |
| 员工关系（ER） | 举办"职业发展日"，为员工提供技能培训和职业发展指导，收集员工反馈以改善工作环境 | 在欧洲设立研发中心，为员工提供多样化的职业发展机会，定期组织团队建设活动，提升员工满意度和归属感，确保员工参与决策过程 |

可口可乐与比亚迪在各类关系管理方面的具体实践，展示了这两家公司在不同市场中成功塑造品牌影响力的策略。这些具体的项目和计划不仅有助于增加消费者和利益相关者的信任，也为企业的长期发展奠定了坚实的基础。

## 赢得信任：从关系管理到信任构建

企业在全球市场中面对众多利益相关者，关系管理是成功塑造影响力的第一步，但赢得信任才是企业长远发展最为关键的基石。

在日常生活和工作中，我们都需要与他人交往。仔细观察，我们会发现有些人在处理项目或参与谈判时更易成功。我们常听到"某某口碑极佳"或"某某一出马，问题迎刃而解"。这些实际上都离不开"信任"二字。

管理学家斯蒂芬·柯维在《高效能人士的八个习惯》(*The Speed of Trust*)中曾经说过："信任是组织绩效的倍增器。"仅仅通过合作、沟通或短期的行动来维持关系还远远不够，企业必须从情感上、心智上赢得各类利益相关者，尤其是客户的信任。对于正在出海的中国企业来说，如何在全球市场中树立并维护这种信任感，直接影响其品牌在海外的长期成功。

信任的构建往往是由表及里的，我们可以从三个方面来理解。

### 1. 诚信与透明度

保持诚信，进行透明的沟通是信任的基础。正如品牌专家西蒙·斯涅克（Simon Sinek）所说："人们不会为你做什么而跟随你，他们会因为你为什么这么做而跟随你。"企业不仅要向客户展示产品或服务，更要大声表达自己的价值观和愿景。以可口可乐在印度的水资源保护项目为例，除了通过行动解决当地水资源问题外，可口可乐透明地向政府、社区和媒体展示自身的环保承诺，让这些利益相关者感受到企业的社会责任感，进而增强对品牌的信任。

### 2. 持续的表现与一致性

品牌的一致性和持续表现是赢得信任的关键因素之一。马丁·林德斯特罗姆（Martin Lindstrom）在《品牌感应》中指出："品牌是承诺的延续，品牌的一切都应当与承诺一致。"对中国企业来说，无论是在产品质量、客户服务还是市场表现上，持续地兑现承诺至关重要。例如，华为在欧洲市场逐步建立起稳固的客户基础，很大程度上得益于其持续投资于创新和稳定的产品质量，使客户对品牌产生了长久的信任感。所以，华为的三折屏手机在欧洲被抢购一空甚至溢价销售就不足为奇了。

### 3. 互动·参与·共鸣

信任的建立不仅仅依赖于沟通的频率和透明度，还需要通过互动让利益相关者真正感受到企业的重视和参与感。企业与客户、合作伙伴等利益相关者之间的互动，应该从单纯的"沟通"升级为"参与"，通过持续的互动过程创造情感共鸣。

正如营销专家约瑟夫·派恩（Joseph Pine）在《体验经济》中提到的，企业必须超越产品和服务本身，通过创造情感和体验的共鸣来建立深层次的连接。以苹果公司为例，它不仅通过产品让用户感受到科技创新，还通过定期的 Apple 社区活动、客户支持和用户体验中心，创造出情感共鸣的体验。这种持续的互动不仅让客户参与其中，还使品牌形象深入人心，逐渐转化为强大的信任关系。

为了真正了解客户的需求，听取合作伙伴、分析师、媒体等利益相关方的反馈，许多成熟的跨国公司会展开"品牌对话"（brand conversation），通过社交传媒进行双向沟通，避免单向推广，而是专注"倾听"（social listening），或者建立"顾问委员会"（advisory board）。而这些，都是将关系管理升华为提升信任的有效方法。

对于出海的中国企业，构建信任更需要系统的方法论，以下几种策略能够为中国企业在全球市场中赢得信任提供借鉴。

## 本地化策略与文化敏感度

企业在全球市场中,必须展现对当地文化的尊重与理解。本地化不仅体现在产品和服务上,更体现在企业的沟通方式、市场宣传和社会责任活动中。比亚迪在欧洲市场通过支持当地的环保项目和提供符合欧洲标准的电动车,展现了对当地文化和法规的尊重,增强了客户对品牌的信任。

## 透明地展示社会责任

企业应积极参与并透明地展示自己的社会责任行为。通过持续投入本地的社区发展或环保项目,企业不仅能履行其社会责任,更能提升品牌的可信度和社会认可度。中国企业应借鉴国际大公司的经验,加大在全球开展可持续发展项目的力度,展示企业对社会和环境的长期承诺。

## 注重沟通与长期承诺

信任的构建并非一朝一夕,而是一个长期的过程。企业必须通过战略性沟通,持续向客户传达其长期发展的承诺。通过定期与利益相关者沟通,向他们展示企业的持续进步和价值主张,进一步巩固信任。例如,阿里巴巴在全球扩张时,通过持续性的全球沟通会议和跨文化协作,展示了企业的全球视野和长期承诺,从而赢得了更多合作伙伴的信赖。

在陌生的文化环境下,出海企业建立双向的互动平台至关重要。比亚迪在欧洲市场的做法便是一个典型案例。比亚迪在欧洲市场的成功不仅因为其电动车技术的领先,还得益于其通过一系列具体行动构建起了多层次的信任关系。比亚迪不仅在德国、法国等国家与政府积极合作,推动电动车政策,还通过支持欧洲的环保项目,增强了与社区和政府的合作关系。同时,比亚迪在欧洲设立研发中心,吸引当地优秀人才，为员工提供职业发展机会，进一步巩固了其作为负责任雇主的形象。

在面对客户时，比亚迪始终秉持透明和诚信的原则，定期通过媒体和新闻发布会向公众展示其技术创新和环保贡献。通过一致性表现和双向沟通，比亚迪成功在欧洲市场建立了牢固的信任基础，并逐渐成为市场领军者之一。

在全球化的今天，关系管理为企业塑造全球影响力奠定了坚实的基础，但赢得信任才是构建真正长期成功的核心。无论是通过透明的沟通、持续的表现，还是深层次的情感共鸣，企业必须超越短期的利益考量，打造一个稳固的信任体系。

对于中国企业而言，成功出海的关键不仅仅在于市场开拓，更在于赢得利益相关者的信任，成为全球舞台上值得依赖的品牌。这不仅是一种战略选择，更是一种责任。要实现这一点，信任的建立需要强有力的支持，而内容正是信任构建的重要基石，帮助企业持续传递价值观、加强品牌认同。

## 内容的魅力：可口可乐与奈飞的影响力策略

一家服装企业在东南亚通过 TikTok 商店推广新款风衣，一家手机企业在北非市场运用数字化营销推广新款手机，一家新能源车企在巴黎车展上展示新款车型……这些营销活动都离不开企业精心设计的强大内容与潜在目标受众之间的互动。

在众多企业中，内容制作和设计通常隶属于产品部门，作为产品营销的一个环节。然而，随着内容在构建品牌影响力和加深客户关系方面的重要性日益凸显，这一传统模式正在发生改变。越来越多的企业开始将内容管理从产品营销的从属地位中解放出来，赋予其更重要的角色。

第五章　影响力修炼：提升品牌影响力才能脱颖而出

在现代市场营销体系中，内容已成为具有战略意义的要素。在全球化竞争的背景下，企业建立的影响力远超产品和服务本身。内容不仅是品牌传播的桥梁，更是塑造影响力的核心。特别是在企业拓展国际市场时，高效的内容管理、设计和传播对于构建跨国影响力、赢得信任和维持长期关系至关重要。

## 1. 内容管理：构建跨文化信任的桥梁

影响力的根基在于信任，内容则是建立这种信任的关键因素之一。一个成功的内容管理策略，不仅要考虑信息的有效传达，更要保证这些信息能够跨越文化、语言和习俗的差异，与当地受众真正形成共鸣。

以苹果为例，作为全球知名的消费电子品牌，无论是新产品发布会还是日常的品牌推广，它都会根据不同国家和地区的文化特点调整其内容和语言。在日本，其营销重点放在精致设计和工匠精神上；而在美国，则更加强调创新和创造力。这种细致入微的内容本地化策略，极大地助力了苹果在全球范围内构建起强大的品牌影响力。

在担任 NetApp 亚太区营销负责人期间，我作为亚太区代表参与了多次重要内容会议，与来自美国和欧洲的同事共同探讨内容策略。跨国企业在推出新产品、服务或愿景前，必须进行全面的内容设计，这要求不同区域、不同文化背景的代表共同参与，以避免内容设计存在偏颇，陷入单一文化视角，或因顺从总部所在国的思维模式而变得单一化。这是许多跨国公司容易犯的错误，尤其是在发布新产品时，容易产生"错配"的现象。

有一次，公司即将发布一款基于微软 Azure 云平台的云数据管理服务。然而，Azure 在中国香港、中国台湾以及韩国市场尚未推出相应的服务站点。在这种情况下，一位负责内容管理的美国同事却直接将即将发布的内容发传给本地化团队和网站团队，要求他们同期发布繁体中文和韩文的产品介绍内容。我收到邮件后，立即制止了这一做法。因为当产品尚未完全满足当地客户要求时（尤其是语言本地化方面），直接发布一定会引起当地市场不必要的质疑。

内容应当彰显对客户的尊重，并致力于构建客户信任。在为不同国家或地区的客户提供服务时，我们需确保产品适应当地市场，满足客户需求，并解决他们面临的问题。这不仅是我们建立良好客户关系的基础，也是企业在全球市场中成功的关键。

## 2. 内容设计：创造视觉与情感的联结

影响力不仅仅依赖于精准的文字内容，视觉设计在其中也扮演了至关重要的角色。视觉设计通过图像、视频、图标等元素，帮助企业迅速抓住全球受众的注意力，并传递品牌的核心价值。可口可乐就是通过内容设计塑造全球影响力的典范。无论是在北美、南美、亚洲还是欧洲市场，可口可乐都通过具有文化特征的视觉设计，将品牌与当地的节日、风俗相结合。

可口可乐曾发起了一场名为"Share a Coke"（分享一罐可乐）的市场活动。该活动2011年在澳大利亚首次推出，后逐步在全球超过80个国家推广开来。在这个活动中，可口可乐创新地移除了其标志性的品牌标志，转而在可乐瓶的一侧用"与人分享可乐"的口号和人名来替代"可口可乐"这一传统名称。活动选用了包含每个市场国家最受欢迎的250个名字的名单，旨在鼓励人们寻找印有自己名字的可乐瓶，并与朋友分享。

"Share a Coke"活动在不同国家采用了不同的名字或表现形式（表5-2）。比如，在日本市场，因为个人名字并不适合在外广为展示，所以采用了励志语句，并把市场活动改为"Share a Feeling"（分享一种感觉）。这种因地制宜的推广策略，使可口可乐能够通过社交互动来适应不同市场的文化特点，打造出既全球化又本地化的品牌影响力。

同时,这一策略也带来了商业上的成功,使可口可乐在全球范围内实现了业绩增长。例如,在美国市场,这一活动成功扭转了其持续了10多年的销量下滑趋势。

表5-2 可口可乐在不同国家(市场)采用了不同的内容表现形式

| 国家/地区 | 启动年份 | 内容形式 | 主要特点 | 市场反响 |
| --- | --- | --- | --- | --- |
| 澳大利亚 | 2011年 | 瓶身上印刷最常见的150个名字 | 鼓励消费者找到自己的名字或朋友的名字并分享 | 活动获得了巨大成功,销售额提升,活动迅速扩展至其他国家 |
| 美国 | 2014年 | 扩展到瓶身上印有流行昵称、亲属称呼(如Mom、Dad等) | 适应美国多元文化环境,增加了亲密关系和友情的互动 | 提升了品牌黏性,增加了产品销量 |
| 英国 | 2013年 | 名字列表包括常见的英国名字,并加入了一些独特的昵称 | 使用了本地化的名字和俚语,以贴合英国消费者的沟通方式 | 强化了品牌与消费者的情感联系 |
| 中国 | 2013年 | 瓶身上印有常见的姓氏(如李、王、张)及亲属称呼(如"老爸""闺蜜") | 根据中国文化重视家庭和关系的特点,强调亲情和友情 | 受到年轻消费者的喜爱,社交平台分享量极高 |
| 日本 | 2017年 | 瓶身上印刷励志短句,称为"Share a Feeling" | 由于日本市场对个人名字展示的敏感,改用短句以激励为主题 | 成功适应日本市场文化,活动反响良好 |
| 中东地区 | 2015年 | 使用瓶身上印刷流行的阿拉伯语名字 | 文化敏感性设计,使用了常见名字并尊重地区文化 | 强化了品牌的文化适应性,受到广泛认可 |
| 南非 | 2013年 | 瓶身上印刷常见名字及当地特色用语(如"BFF") | 加入多种本地语言,反映南非的语言和文化多样性 | 迅速走红,消费者在社交媒体上分享频繁 |

续表

| 国家/地区 | 启动年份 | 内容形式 | 主要特点 | 市场反响 |
|---|---|---|---|---|
| 拉丁美洲 | 2014年 | 加入地区化的昵称和俚语 | 结合当地语言文化，强化了社交互动，增加亲密度 | 深受年轻人喜爱，分享度高，销售量增加 |

### 3. 内容传播：打通全球市场的通路

影响力的拓展离不开内容的传播渠道。跨国企业在内容设计和本地化方面的出色表现只是成功的第一步，关键还在于通过合适的传播渠道将这些内容有效地传递到目标市场。不同国家和地区的消费者内容传播的习惯各不相同，因此选择合适的渠道至关重要。在内容传播时，跨国企业必须了解并尊重各地的文化和媒体环境，以便在多元市场中保持一致的品牌形象和影响力。

正如我们之前提到的，可口可乐在"Share a Coke"全球活动中，通过结合当地文化符号的不同内容形式来吸引消费者。例如，在美国和欧洲市场，可口可乐推出了带有歌词的"歌词瓶"，并与音乐流媒体 Spotify 合作，增强了消费者的体验感。而在日本市场，基于当地文化，可口可乐使用励志短句代替名字，以提高传播的适应性。这种高度本地化的内容传播策略，不仅使可口可乐成为一个全球品牌，还使其深深植根于当地市场，与消费者建立了深厚的情感联系。

### 案例：奈飞的内容传播策略

奈飞作为全球领先的流媒体平台，因其独特的内容传播策略而备受关注。奈飞不仅是内容创作者，更是内容传播的专家。它通过深入研究各地观众的需求，不断优化内容的投放和推广策略，以实现更广泛的覆盖和更深入的文化适应。

**本土内容生产与跨文化传播**

在韩国、日本、印度等市场，奈飞投入了大量资源支持当地原创内容的生产，如《鱿鱼游戏》《爱在年少时》等。这些剧集在当地市场取得了显著成就，同时也在全球范围内引起了广泛关注。奈飞通过在全球范围内推广这些本土化内容，不仅提升了品牌在各地的影响力，还让全球观众通过这些作品体验到不同文化的魅力。

**精准的推荐算法和个性化推广**

奈飞的推荐算法确保观众在平台上看到符合个人口味的内容，通过个性化推荐实现高效传播。在内容种类繁多的市场中，这种传播方式尤为重要。它不仅提升了内容的触达率，还让每个观众都能获得更具针对性的观看体验。特别是在跨文化传播中，推荐算法通过语言、主题等个性化筛选，帮助不同文化背景的用户更容易接受和欣赏各种内容。

**社交媒体和病毒式传播**

在内容发布前后，奈飞会通过社交媒体渠道进行大量推广，包括发布剧集片段、幕后花絮、制作花絮等，以激发观众对内容的浓厚兴趣。许多剧集在社交平台上以病毒式传播的方式迅速走红，例如《怪奇物语》和《纸房子》。通过观众的自发分享，内容的传播范围迅速扩大，从而形成了强大的影响力。

可口可乐通过文化共鸣的内容策略，成功塑造了品牌的全球吸引力；奈飞则以创新的本地化内容制作，在不同市场建立了深厚的用户连接。这些跨国巨头的案例展现了内容管理如何成为构建全球影响力的核心工具。

此外，跨国企业在出海过程中，内容管理不仅是信息传递，更是塑造影响力的战略手段。通过与当地文化的深度融合，它成为企业与受众之间的信任纽带。企业需要持续且一致地输出有价值的内容，以此增强自身的影响力。例如，消费品巨头联合利华在其"可持续生活计划"中，通过连续多年的内容传播，成功构建了在全球市场的可信度和影响力。无论是发达国家还是新兴市场，联合利华始终以本地化的传播方式展现企业社会责任，从而赢得广泛认可。

尽管跨国巨头的成功经验为中国出海企业提供了丰富启示，但资源有限的中小企业往往面临更大挑战。然而，通过创新与精准的策略，小企业同样可以在全球市场中开辟独特的路径。疆海科技的案例正是一个生动的例证——它展示了如何以独特的方式，借助与本地需求的深度契合，构建品牌影响力，并为其他中小型企业提供了重要的实践参考。

## 小企业的出海影响力：点亮柏林圣诞节的灯

在塑造全球影响力的道路上，即使是初创型企业，也能凭借创意和坚持开辟出属于自己的天地。疆海科技，一家位于港珠澳大湾区的储能企业，凭借其品牌"Zendure（征拓）"，成功在欧洲市场中占据了一席之地。

其海外品牌营销推广活动——与柏林市政厅合作的绿色能源点亮圣诞灯饰项目，更是成为小型企业运用富有创新性的策略提升品牌影响力的范例。

### 背景与契机

柏林每年的圣诞节灯饰点亮活动，不仅是一项传统，也是这座城市在冬季吸引游客的重要手段。2023年，柏林市政厅希望通过这项活动进一步推广绿色能源和可持续发展理念。疆海科技抓住了这一机会，提出了使用其最新的家庭储能产品SuperBase V移动储能系列产品为圣诞灯饰供能的解决方案（图5-5）。结合小型光伏板和高效逆变器，实现了圣诞节期间灯饰的完全绿色供电。

图5-5 疆海科技与柏林市政府合作，用绿色储能点亮圣诞节灯饰

**项目实施过程**

· 创新的技术解决方案：SuperBase V移动储能系列产品结合光伏发电和储能技术，能够稳定供电长达12小时。这不仅满足了圣诞灯饰的电力需求，而且成为柏林市政厅推动绿色能源转型的亮点之一。

· 内容营销与公众参与：在项目实施期间，疆海科技通过社交媒体、当地新闻媒体以及柏林市政厅的官方平台，传播了这次合作的可持续发展意义。他们还举办了一场公众参与的点灯仪式，邀请市民体验如何利用清洁能源照亮整个城市。

· 企业社会责任与信任建立：此次合作不仅展示了疆海科技的技术实力，也进一步巩固了其作为可持续发展倡导者的品牌形象。柏林市政厅的高度认可，为疆海科技在欧洲市场赢得了更多信任。

**影响力的延伸**

这个合作案例所产生的影响力远远超出了当时的项目本身：

· 品牌知名度的提升：得益于媒体的广泛报道，疆海科技的

"Zendure"品牌迅速进入德国主流消费者的视野。

· 信任的积累：绿色能源项目彰显了企业的社会责任感，为疆海科技赢得了政府及消费者更多的信任。

· 市场扩展的契机：借助这次成功案例，疆海科技与更多欧洲本地分销商达成合作，为产品在欧洲市场的进一步普及奠定了基础。

### 启示与总结

疆海科技的成功表明，哪怕是资源有限的小企业，只要选择与本地社会需求相契合的切入点，并围绕核心价值进行创新和传播，也能在全球范围内获得显著的品牌影响力。通过此次与柏林市政厅的合作，疆海科技不仅为其市场扩展赢得了先机，也为其他中小型出海企业提供了重要的借鉴：

· 深耕本地化：理解目标市场的文化与需求，找到共鸣点。

· 讲好故事：通过有影响力的内容传播，构建品牌形象。

· 注重CSR（企业社会责任）：以可持续发展为核心，与当地社区建立长期信任。

通过这些策略，疆海科技在点亮柏林圣诞节灯饰的同时，也点亮了出海品牌影响力之路。

与此同时，全球影响力的构建离不开对声誉与风险的管理。在跨文化传播中，不同市场的理解偏差或突发事件可能带来意外风险。因此，企业在创新传播的同时，必须保持敏锐的风险意识，确保品牌形象保持积极和稳定。

### 影响力中的声誉管理与风险控制："6R"方法论

在信息时代，声誉管理和风险控制已成为企业全球化过程中的基石。国内某互联网企业因高管在社交平台发布不当言论而引发公众不满；美国知名快餐品牌曾因对东南亚风俗的无知而在当地市场遭遇口碑危机；德国某汽车制造商因质量问题未及时回应用户反馈，导致其欧洲市场份额大幅下滑。这些损害企业品牌形象的事件，深刻提醒我们，全球化布局不仅是市场的扩展，更是对声誉的全方位考验。在这个全球互联的时代，一场危机可能跨越语言与文化的界限迅速传播，甚至在不同市场产生共振。

声誉管理涉及多层次的利益相关者，从客户、员工到媒体、监管机构，均对企业有直接或间接的影响。特别是出海企业进入国际市场后，面对不同文化背景和公众期望，声誉管理变得更加复杂。一旦出现危机事件，企业声誉不仅会直接受到影响，还会引发股价下跌、市场份额流失等长期后果。与此同时，声誉的修复难度较大，往往需要长期的努力。因此，对于出海企业而言，声誉管理不仅要关注危机处理，更要预防可能的声誉风险，并建立透明的沟通渠道，以便在紧急情况下获得公众的理解。

在声誉管理实践中，欧洲与东南亚市场由于各自特有的文化环境、法律法规和媒体生态，给企业带来了多样化的挑战与机遇。以下是两个典型的声誉管理案例，分别涉及欧洲和东南亚的企业，它们展示了企业在危机中的应对策略及从中获得的宝贵启示。

## 案例：宜家马来西亚事件

瑞典家居品牌宜家以其高品质和负责任的品牌形象享誉全球。然而，在2020年，一起涉及种族敏感问题的事件对宜家在马来西亚的声誉造成了冲击。宜家马来西亚因在宣传册中发布了不符合伊斯兰文化的内容，遭到了公众的广泛批评。一些宗教团体指责宜家忽视了当地的文化敏感性，并呼吁抵制宜家产品。这一事件迅速在社交媒体上蔓延，对宜家的品牌形象产生了负面影响。

面对突如其来的指责和声誉冲击，宜家迅速采取了主动的应对措施：

- **公开道歉并立即下架相关产品：** 宜家迅速响应了公众的批评，发布了一封公开道歉信，承认了错误，并表达了尊重马来西亚文化的坚定立场。同时，宜家在马来西亚市场上撤回了相关产品，这一举动体现了其快速反应和负责任的态度。
- **加强文化敏感性培训：** 为了预防类似事件的再次发生，宜家宣布将在全球范围内，尤其是在伊斯兰市场，加强对员工的文化敏感性培训，以确保在市场推广活动中更加尊重和敏感地处理当地文化和宗教问题。
- **本地化团队决策参与：** 宜家在此事件之后，进一步强化了本地化决策团队的权力，确保营销推广的最终决策权交由那些更了解当地文化的团队来掌握，以便更精准地回应市场需求，并避免文化冲突。

通过透明和迅速的道歉以及后续的处理措施，宜家在一定程度上成功地平息了这场危机。宜家的公开承诺和积极的整改行动提升了其在东南亚市场的信任度，同时也让企业深刻认识到文化差异的重要性。宜家马来西亚事件对出海企业来说是一个警示，提醒它们在进入东南亚市场时必须格外关注文化敏感性问题，尤其是在涉及宗教和道德观念等方面。尊重本地文化，建立本地化的市场运营和决策机制，是有效预防类似声誉危机的关键。

### 案例：Grab 应对印尼市场危机

网约车平台 Grab 总部设在新加坡，业务覆盖东南亚大部分地区，服务于 8 个国家的 350 多座城市的 1.87 亿用户。Grab 在东南亚市场占有极高的市场份额，尤其在印尼市场占据重要位置。然而，2018 年，Grab 在印尼调整了司机佣金政策，导致众多司机的收入减少，引发了印尼司机的强烈不满。数千名司机在雅加达举行了抗议活动，要求公司恢复原有的佣金比例。这一事件迅速在社交媒体上传播，引发了公众的广泛讨论,不仅损害了 Grab 的声誉,也对平台的用户信任造成了负面影响。

面对危机,Grab 并没有采取息事宁人的态度,而是选择了坦诚和开放的方式,迅速处理了这一事件。

- **公开对话与磋商:** 在抗议活动发生后,Grab 迅速组织了一场新闻发布会,并与印尼的司机代表进行了对话。公司承诺将重新审查佣金政策,并积极倾听司机的诉求,以努力平息事态。
- **调整佣金政策:** 在与司机进行了多轮深入磋商后,Grab 决定重新调整佣金比例,并推出了新的奖励计划,以补偿司机的收入损失。这一系列措施获得了部分司机的认可,对于恢复 Grab 的声誉起到了积极作用。
- **优化员工关系管理与社群活动:** 为了进一步恢复司机的信心,Grab 在接下来的几个月内组织了多场社区活动,以增进公司与司机之间的沟通和理解。此外,Grab 还推出了多项司机福利计划,这些举措进一步体现了公司对司机权益的重视。

这一事件展现了 Grab 在应对危机时的高效应变能力。尽管危机在短期内对 Grab 的声誉造成了影响,但其迅速的政策调整和对司机群体的关注,成功挽回了品牌形象。这一事件对出海企业来说是一个重要提醒:员工和合作伙伴是品牌的重要支柱。特别是在东南亚市场,出海企业在制定涉及利益分配的政策时,应高度重视员工和合作伙伴的感受,以避免因利益冲突而引发的声誉危机。

彼得·圣吉(Peter Senge)被誉为学习型组织之父,他在《第五项修炼》中说:"开放性是建立信任、推动变革的基础。"对企业而言,开放不仅意味着信息的透明度,更体现为对市场和客户反馈的真诚态度。这种开放性在危机时刻对于有效的声誉管理至关重要。

对于中国的出海企业而言,前方虽然充满了机遇,但始终保持谦卑之心,珍视企业的声誉,并建立一整套品牌管理与风险控制的体系,是在海外市场实现长期成功的关键。

在这里，我也总结了一套具有实操性的声誉管理方法论，我称之为"6R"声誉管理方法论（图5-6）。

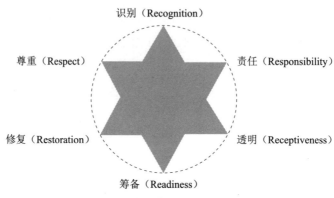

图5-6 "6R"声誉管理方法论

### 1. 识别（Recognition）

出海企业应建立多层次的声誉风险识别与预警系统。通过持续监控社交媒体、主流媒体和监管政策，快速识别舆情变化，并实施分级预警。利用数据分析和人工智能工具洞察市场情绪的波动，提前发现潜在风险，以便及时采取防范措施。

### 2. 责任（Responsibility）

建立企业危机管理责任制和预案体系。明确市场、公关及其他职能部门的职责分工，设立"舆情管理"机制。制定详细的危机应对预案，并安排专业培训，确保发言人能在危机中保持冷静、专业和准确的沟通，及时传递信息，防止事态进一步恶化。

### 3. 透明（Receptiveness）

透明的沟通与公众参与是化解危机的关键。特别是在跨文化环境中，要定期公开危机应对的进展，确保沟通的透明度。鼓励利益相关方参与对话，以展现公司的开放和包容态度，从而进一步增强公众的信任。

### 4. 筹备（Readiness）

定期开展声誉管理和危机应对培训，将风险意识融入企业文化。通过系统化的发言人与员工培训，确保全体员工都能理解和实践声誉管理理念，从而营造积极的组织氛围，使企业在危机时刻能够更从容应对。

### 5. 修复（Restoration）

危机过后，企业应积极进行舆情修复，重建与市场的良好关系。通过参与公益活动或实施企业社会责任项目，展现企业的回馈精神，并与目标市场的社区和媒体加强联系。持续维护长期的正面形象，以赢回公众的信任并逐步恢复品牌声誉。

### 6. 尊重（Respect）

尊重文化多样性，制定本地化的沟通策略。深入理解当地的文化、法规和风俗习惯，确保沟通策略与市场环境相契合。在处理敏感议题时，与当地团队合作，确保信息的传递既得体又准确，避免文化误解，展现对当地公众的理解和尊重。

出海企业通过系统的声誉管理和风险控制策略，不仅能在危机中迅速应对，还能在日常运营中不断提升品牌价值。这样，在国际化进程中，企业既能建立并维护优秀的品牌形象，还能将声誉转化为核心竞争力之一。

## B2C 企业的影响力支点：跨境电商

在中国企业扬帆出海的大潮中，面向消费者的 B2C 企业尤为突出。以消费电子行业为例，小米和 OPPO 等品牌凭借其创新技术和优质产品，在全球市场取得了显著成就。同样，服装品牌李宁以其独特的品牌魅力，在国际市场上占有一席之地。在食品与饮料行业，青岛啤酒和伊利的产品受到了国际消费者的喜爱。化妆品品牌完美日记以其创新和高质量的产品，赢得了海外市场的认可。爱奇艺在视频流媒体领域，腾讯和网易以及备受瞩目的游戏《黑神话·悟空》的表现，同样展示了中国 B2C 企业的强大实力和全球影响力。

根据行业观察，在中国出海企业中，B2C 企业占据约 70%~80% 的比例。这一数据反映了 B2C 企业在推动中国品牌全球化进程中的重要作用。这些企业的成功出海，不仅提升了中国品牌在国际市场的知名度和影响力，也为全球消费者带来了丰富多样的选择，促进了文化交流和商业互惠。随着中国经济的持续发展和全球经济一体化的深入，预计 B2C 企业在中国出海企业中的比重和影响力将继续增强。

在全球化的市场环境中，B2C 企业面临着如何有效进入国际市场的挑战，近几年跨境电商方兴未艾，通过跨境电商，中国企业可以绕过传统的国际贸易渠道，直接将商品销售给海外消费者。这一模式不仅降低了进入国际市场的门槛，还赋予了企业更高的灵活性和更快的市场响应能力。对于中国消费类企业来说，跨境电商不仅是拓展市场的有效渠道，也是提升品牌影响力的重要支点。

简单来说，对于 B2C 企业来说，跨境电商的关键意义体现在以下几个方面。

**1. 便捷的全球销售渠道：** 跨境电商平台如亚马逊、eBay、Lazada、Shopee 等提供了一站式解决方案，帮助企业轻松覆盖多个国家和地区的消费者。

**2. 降低成本与快速试水：**无须本地门店和复杂的分销网络，跨境电商使企业以较低成本进入市场并快速试探市场需求。

**3. 数据驱动的市场决策：**跨境电商平台提供的实时数据，帮助企业进行精准的市场分析，优化产品和策略。

中国企业在进军不同目标市场时，应选择适宜的跨境电商平台，以便迅速入市并增强影响力。针对各目标市场的特性及消费者偏好，企业需要与目标国家或地区的主要跨境电商平台（表5-3）紧密合作，制定有效策略，以充分挖掘市场潜力。

表5-3 全球主要目标市场的跨境电商平台

| 国家/地区 | 主要跨境电商 | 定位与特点 | 主要中国出海品牌 |
|---|---|---|---|
| 东南亚 | Lazada | 覆盖多个国家，提供多样商品，强大的促销活动和本地化服务 | 小米、华为、完美日记 |
| | Shopee | 社交电商功能突出，广受年轻消费者欢迎，易于用户互动 | OPPO、vivo、花西子、三只松鼠 |
| | Tokopedia | 深耕印尼市场，提供本土化服务，适合与当地品牌合作 | 美的、海尔、三只松鼠 |
| 中东 | Souq.com | 阿拉伯地区最大的电商平台，覆盖多个国家，后被亚马逊收购 | 小米、华为、安踏 |
| | Noon | 新兴电商平台，主要在阿联酋和沙特阿拉伯，商品种类多样 | 美的、九阳、完美日记 |
| | Jumia | 非洲电商平台，覆盖多个国家，适合面向非洲市场的品牌 | 海尔、TP-Link、华为 |
| 欧洲 | Amazon Europe | 涵盖德国、英国、法国等多个国家，是进入欧洲市场的重要渠道 | 小米、华为、完美日记、李宁 |
| | Allegro | 波兰最大的电商平台，适合中东欧市场的产品销售 | OPPO、vivo、糖果智能 |
| | Cdiscount | 法国领先电商平台，适合面向法语国家的品牌 | 小米、华为、完美日记 |

续表

| 国家/地区 | 主要跨境电商 | 定位与特点 | 主要中国出海品牌 |
|---|---|---|---|
| 北美 | Amazon US | 美国市场最大的电商平台，几乎是所有中国企业出海的首选 | 小米、华为、完美日记、安踏 |
| | eBay | 在线拍卖和购物网站，适合二手商品和独特产品的销售 | OPPO、vivo、海尔 |
| | Walmart | 与沃尔玛合作可进入北美市场，特别适合日用消费品 | 美的、安踏、三只松鼠 |
| 拉美 | Mercado Libre（美客多） | 拉美最大的电商平台，覆盖多个国家，适合广泛的消费品类 | 小米、华为、完美日记 |
| | B2W | 巴西最大的电商平台，拥有多个子平台，适合进入巴西市场 | 美的、海尔、三只松鼠 |
| | Linio | 覆盖墨西哥及南美其他国家的多品类电商平台，具有一定的区域影响力 | OPPO、vivo、糖果智能 |
| | Shopee（拉美站点） | 从东南亚扩展至拉美市场，特别是在巴西市场发展迅速。适合价格敏感型消费品 | 安克创新、UGREEN、米家智能设备 |
| 澳大利亚 | eBay Australia | 适合各种产品的在线市场，进入澳大利亚的重要平台 | 小米、华为、完美日记 |
| | Catch | 本土化电商平台，涵盖广泛的商品类别 | 美的、安踏、三只松鼠 |
| | Amazon Australia | 近年来迅速增长，适合跨境电商销售 | OPPO、vivo、糖果智能 |

除了直接在目标市场进行品牌推广和塑造影响力，B2C企业还可借助跨境电商平台建立品牌影响力，进而影响消费者认知并提升市场地位。这被视为一种高效的"支点撬动"策略，具体表现在：

## 1. 利用平台资源进行精准营销

跨境电商平台通常提供广告工具,例如亚马逊的"赞助商品广告",B2C企业可以利用这些工具在平台内进行广告投放和促销活动,针对特定消费群体实施精准营销,提高品牌曝光度。此外,平台还提供大数据分析服务,帮助企业洞察不同国家消费者的偏好,从而优化产品设计和营销策略,逐步在目标市场树立品牌形象。

## 2. 优化产品展示与品牌故事

在跨境电商平台的产品页面上,B2C企业应利用高质量的图片、视频和详尽的描述,强调产品的独特卖点和品牌故事,以赢得消费者的好感和信任。例如,中国的护肤品或科技产品品牌可以在其描述中突出"科技创新""安全可靠"等关键信息,并通过真实的用户体验和卓越的服务来树立良好的口碑。

## 3. 提供优质客户体验,积累好评和用户口碑

许多跨境电商平台高度重视消费者的反馈和评价。因此,B2C企业应致力于提升售后服务和用户体验,确保迅速响应客户需求,并妥善解决售后问题,以赢得积极的用户评价。优质的客户体验和良好的用户口碑有助于增强品牌信任度,提升消费者对品牌的忠诚度。采用KOC(关键意见客户)营销模式,即培养忠诚且愿意提供积极反馈的客户,对B2C企业而言,是实现品牌潜移默化成长的有效途径。

## 4. 与平台合作参加促销活动

跨境电商平台的促销活动,如"双十一""黑色星期五"等,因其高流量和知名度,成为B2C企业吸引大量消费者的绝佳时机,助力品牌迅速获得曝光。部分企业还会推出限量版或定制产品,以增强品牌的独特性和话题性,从而提升消费者对品牌的关注度和购买意愿。

### 5. 本地化策略，提升品牌在市场的适应性

跨境电商平台提供针对不同市场的本地化支持，B2C 企业可通过优化语言、包装设计、支付方式等方面，与目标市场的文化相契合，更好地满足消费者需求。例如，一些 B2C 品牌会在东南亚市场推出符合当地审美偏好的产品包装，或提供特定的支付方式，以增强消费者的信任感。

### 6. 通过社交媒体和跨境电商平台的联动

跨境电商平台通常与社交媒体平台有合作或整合功能，B2C 企业可以利用社交媒体推广品牌活动，并通过链接直接将流量引导至电商平台的产品页面。例如，通过 TikTok、Instagram 等社交平台推广产品，发布短视频和用户反馈，吸引目标用户，并直接引导他们至跨境电商平台的购物链接，从而实现销售转化。

在海外社交媒体上，B2C 企业通过与当地的"达人""网红"等 KOL（意见领袖）合作，可以有效提升品牌影响力并实现销售目标。

### 7. 品牌官网与跨境电商的配合

尽管跨境电商平台拥有广泛的用户基础，但品牌官网能进一步提升品牌形象的专业性和独立性。企业可通过官网讲述品牌故事、发布新产品信息，并在官网与电商平台之间实现流量互补。这种策略有助于 B2C 品牌构建更全面的线上影响力，并确保用户在多个接触点上对品牌形成积极认知。

B2C 企业在跨境电商领域提升影响力的关键在于深入理解市场、优化产品与服务、合理利用电商平台以及采取数据驱动的营销策略。通过这些策略，中国消费类企业能够有效利用跨境电商平台的优势，在国际市场中更高效地拓展业务，并逐步增强品牌影响力。

## B2B 企业的影响力支柱：赢得大客户

在面向商业类企业的营销领域（B2B），存在有别于 B2C 企业的模式，即针对大客户（或关键客户）的品牌与影响力构建。大客户通常是指那些对企业销售额和市场份额产生显著影响的客户。在 B2B 商业模式中，企业的客户群主要是其他企业或各类组织，而非个人消费者。因此，大规模营销（mass marketing）并非有效策略。相反，关键在于针对企业中具有决策力和影响力的角色或职能进行精准营销。

对于 B2B 企业来说，大客户通常是业务的核心。例如，IBM 为银行和电信运营商提供大型主机和软件；西门子医疗（Siemens Healthineers）向医院供应核磁共振等医疗设备；阿里云向各类企业和政府机构提供云服务；三一重工则为工程承包商或政府部门提供工程机械……这些业务规模往往非常庞大。

在国际化进程中，面对全球大客户，B2B 企业建立并提升影响力至关重要。在与大客户建立合作关系的环节中，企业需要深入理解客户的决策流程及其独特需求。这不仅包括与客户的直接交流，还涉及识别并影响"客户旅程"（customer journey）中的关键节点，以确保企业的价值主张能够得到有效传达。

在国际市场上，大客户的决策流程通常涉及多个部门和层级，形成复杂的决策网络。对于中国企业而言，理解这一复杂性及找准关键决策者至关重要。

在涉及多个层次的决策者时，大客户的决策过程可能涉及技术主管、采购经理、财务负责人以及高层管理人员等不同角色。针对这些不同的人群，需要采用专业的内容和适当的沟通方式。因此，出海企业应针对不同角色的需求，制定相应的沟通策略，以保障信息传递的有效性和效率。

不同国家和地区的企业在决策风格和习惯上存在差异。中国企业在国际市场中，了解并尊重当地的决策流程至关重要，这有助于在合适的时机与适当的角色进行有效沟通，提升影响力。例如，日本企业普遍采用集体决策模式，决策过程需要经过多层次的讨论和共识建立，因此，与日本客户建立长期关系耐心引导是关键。相比之下，美国企业决策快速，通常由具有权威的个人做出，因此，与美国客户沟通时，中国企业应直接表达观点和解决方案，强调创新性和灵活性。

我整理了12个不同国家和地区在企业决策风格上的主要特点及相应的应对策略（表5-4）。这些信息可以帮助中国企业在国际市场中更有效地调整沟通策略，加强与客户的互动，提升影响力。

表5-4 不同国家和地区的企业决策风格特点与应对策略

| 国家/地区 | 决策风格特点 | 相应的策略 |
| --- | --- | --- |
| 日本 | 集体决策，重视和谐与共识 | - 建立长期关系，非正式沟通<br>- 逐步引导讨论，提供详细信息 |
| 印尼 | 决策过程受文化和人际关系影响，较为层级化 | - 通过建立个人关系获得信任<br>- 理解地方习俗和文化 |
| 越南 | 决策通常通过层级结构，强调集体意见 | - 建立信任和良好的人际关系<br>- 适应灵活的沟通风格 |
| 印度 | 决策往往受到层级结构和关系的影响 | - 建立信任，通过网络和关系进行沟通<br>- 适应灵活的决策过程 |
| 美国 | 个人主导，偏好创新和灵活性 | - 直截了当表达观点和建议<br>- 展示创新能力和灵活性 |
| 英国 | 倾向于理性分析和逻辑推理，重视法律合规 | - 准备详尽的合规性和风险分析<br>- 强调产品的长期价值 |
| 法国 | 重视创意与品质，较为主观的决策方式 | - 强调品牌故事和文化价值<br>- 提供高品质的产品和服务 |
| 德国 | 高效、数据驱动，决策透明 | - 提供详尽的市场分析和数据支持<br>- 快速响应客户问题 |

续表

| 国家/地区 | 决策风格特点 | 相应的策略 |
|---|---|---|
| 巴西 | 决策过程较为灵活,重视人际关系与互动 | - 参与社交活动,增强个人联系<br>- 适应当地文化,建立信任 |
| 南非 | 决策可能受到政治和经济环境的影响 | - 关注合规和当地市场条件<br>- 理解并尊重多元文化背景 |

客户旅程涉及客户在与品牌或企业互动过程中所经历的各个阶段和接触点。在与大客户的互动中,出海企业应关注客户旅程中的几个关键影响点,以确保企业的价值主张能够有效触达:

**1. 需求定义阶段:** 在这一阶段,企业应通过深入的市场调研和行业分析,准确把握客户需求。通过分享具体的行业案例或成功经验,企业可以展示其对客户需求的深刻理解,从而增强客户的信任感。

**2. 解决方案对比阶段:** 客户在评估不同供应商的提案时,通常会采用招标等方式来做出最终决策。在这种情境下,企业应突出自身产品的独特卖点和解决方案的高效性。通过提供产品试用、演示和客户见证等方式,企业可以直观展示其产品如何满足客户的特定需求,从而在竞争中脱颖而出。

**3. 决策批准阶段:** 在这个阶段,客户即将做出最终选择。此时,企业应强调解决方案的长期价值和附加支持服务。通过提供详细的投资回报率(ROI)分析和成功案例,企业可以帮助客户更全面地评估方案的价值,从而降低客户的决策风险,增加选择企业方案的可能性。

**4. 合作维护阶段:** 跨国公司非常看重"客户忠诚度"。建立持续的客户支持和反馈机制是巩固关系的关键。定期对客户进行回访,了解他们的使用体验和进一步需求,不仅能够帮助企业及时调整服务和产品，还能保持企业在客户心中的影响力，提升客户满意度和忠诚度，从而实现未来的持续合作。

综上所述，影响大客户的关键在于深刻理解客户需求、建立长期合作关系、提供高品质服务、定制化解决方案，并持续引入创新。通过这些策略，企业能够与大客户建立稳固的伙伴关系，实现长期业务成功，并与客户共同成长，达到共赢发展的目标。

## 要点小结

• 影响力如同"波纹效应"，它从个人扩散至团队、企业、社会，甚至全球。出海人员的一言一行，不仅代表个人，也代表企业和国家形象。每一次互动都像水滴入湖，激起影响力涟漪，影响团队、企业，并塑造国家的全球认知。因此，个人能力和积极态度尤为重要。

• 在一家致力于海外市场的企业中，成功的海外拓展不仅需要深入了解外部市场动态和构建稳固的关系网络，还必须从企业内部发力，有效地管理内部利益相关方。只有这样，企业才能在全球影响力的塑造上奠定坚实的基础。

• "全球影响力关系模型"（Global Influence Relations Model）通过对企业的外部关系进行分类，针对不同类型的利益相关方进行管理。每一类关系都扮演着关键角色，这使得企业能够更科学、更有效地管理这些外部关系。

• 在全球市场中，企业面对着众多利益相关者。关系管理是成功塑造影响力的第一步。然而，赢得信任才是企业在长远发展中最为关键的基石。

• 内容管理非常重要。无论是通过文化共鸣、视觉冲击，还是传播的广泛性，企业都可以利用内容在全球市场中建立起持久的影响力。这一点从可口可乐和奈飞的案例中可以清晰地看到。

- 中小企业也能构建全球影响力。疆海科技通过绿色能源点亮柏林圣诞灯饰，展示了中小企业如何凭借创新策略提升品牌影响力，为更多企业提供了借鉴。
- 声誉管理涉及多个层次的利益相关者，包括客户、员工、媒体和监管机构，他们对企业都有直接或间接的影响。当企业进入国际市场后，面对不同文化背景和公众的期望，声誉管理变得更加复杂。此时，可以采用"6R"声誉管理方法论来进行有效的管理。
- B2C企业可以将跨境电商作为支点，以建立国际市场的影响力。这需要对不同目标市场的跨境电商有深入的了解，并充分利用有效的合作达成目标。
- 对于B2B企业而言，大客户至关重要。出海企业应深入了解不同国家和地区的企业客户决策风格的特点，关注客户旅程中的关键影响点，以确保企业的核心价值能够有效传达，实现提升影响力的目的。

# 第六章

# 数智力修炼：从数据驱动迈向人工智能驱动

在全球化浪潮中，数字化转型已成为企业出海的必然选择，而数智力正是每位国际化从业者不可或缺的核心能力。借助大数据、人工智能等技术，企业能够精准洞察市场趋势，优化决策，提升效率，实现更高效的市场覆盖与用户转化。修炼数智力不仅在于掌握数字化工具和技术，更在于以数据驱动策略、实现业务的智能赋能，为企业在跨文化环境中的成功提供坚实支撑。因此，无论身处何种岗位，企业出海人员都应将数智力视为迈向国际市场并在人工智能时代取得成功的必经之路。

在全球化和数字化的今天，数智力已经成为企业竞争和成长的关键。它的核心在于数据与智能技术的深度融合，这种融合不仅可以帮助企业精准地洞察市场趋势，还可以优化业务流程，驱动高效的决策，从而在国际竞争中占据优势。数智力就像企业发展的"引擎"，通过不断地运转，为企业注入动力和活力。

在提升数智力的过程中，企业首先需要从数据驱动的基础入手。这包括建立高质量的数据体系，以及培育数据驱动的企业文化，从而为智能决策奠定坚实的基础。在这个阶段，企业可以采用"ABCD法则"来自上而下构建数据驱动文化和治理机制。随着企业从数字驱动逐步迈向数智优化，直至实现智能赋能阶段，这将促使企业实现人工智能与业务场景的深度融合，从而成功实现从数据到智能的飞跃。

社交媒体和数字化工具的普及正在深刻改变企业的经营模式。在出海过程中，中国企业通过构建强大的数智力，运用社交传媒、直播、数字广告、电商平台和达人营销等"七种武器"，实现多维度的战略组合，可以帮助出海企业在复杂的国际市场中成功突围并实现业务的增长。

通过大数据分析，企业能够精准定位消费者需求，并通过O2O模式打通线上与线下渠道，构建全方位的用户触达体系。例如，阿里巴巴、字节跳动和 Temu 等企业在全球市场中，已经展示了如何利用数据和智能技术驱动跨文化沟通与业务增长。

值得注意的是，数智力的构建不仅关乎企业的技术能力，更涉及全员的意识转变与技能提升。每一位员工都是数智化转型的一环，他们的学习能力和创新精神，将直接影响企业数智化转型的深度与广度。因此，数智力的修炼，不仅是企业战略的核心，也是每位员工共同追求的目标。

通过本章的探讨，我们将揭示企业如何在数字化转型的浪潮中，借助数智力实现全球化进程的高效推进，构建面向未来的强大竞争力。

## 数字化转型与中国智造的全球化

当下，数字化转型已然成为全球企业不可回避的发展主题。从企业运营到商业模式，从供应链到客户体验，数字化正重新定义着竞争格局和发展路径。管理学大师彼得·德鲁克曾经说过："创新和营销是企业成功的两个基本职能。"在当今时代，数字化正是推动创新和重塑商业逻辑的核心动力。

2017 年，IDC（国际数据公司）进行了一项关于数字化转型的全球研究，研究对象包括来自中国、美国、英国、法国、德国、加拿大等主要经济体的大约 800 名企业高管。该研究旨在了解这些高管对数字化转型的看法及其实践。研究结果显示，根据高管们对数字化转型的态度，从消极到积极，可分为五个类别。值得注意的是，超过 70%的企业领导者处于"被动接受"状态，他们承认数字化转型的重要性，但缺乏主动规划和执行的意愿。仅有 12%的领导者被划分为"Data Thriver"（数据精进者），即那些能够积极拥抱数据驱动战略，将数据视为关键资产，并围绕数据制定创新业务模式的企业领袖。

大约在同一年，中国国际广播电台与丝绸之路国际商会联合开展了一项调查，旨在了解国外年轻人对中国科技发展的看法。调查结果显示，外国留学生对中国的四项创新——高铁、移动支付、共享单车和电商平台——印象深刻。因此，这四项创新被赋予了"新四大发明"的称号。

彼时，很多人并未意识到，全球企业的数字化转型浪潮正汹涌而至。技术进步不仅在悄然改变人们的生活方式，也在重新绘制商业版图。IDC 曾经预测，到 2025 年，全球将有超过 75% 的企业完成或正在实施数字化战略，数字经济在全球 GDP 中的占比将超过 50%。

这一趋势在 2024 年巴黎奥运会上得到了集中体现。作为首届全面融入"数字与智能技术"的奥运会，巴黎奥运会不仅通过人工智能优化赛事管理，还通过物联网和区块链技术提升了观众体验。这背后离不开"中国智造"的深度参与：智能机器人提供场馆服务、绿色能源设备助力赛事低碳运作、5G 通信技术保证赛事无缝转播、LED 大屏幕实现节能环保的同时提供沉浸式赛事观感……而这些，无不展示了中国制造通过数字化升级后的全球竞争力。

随着全球数字化进程的加速，中国制造也在经历深刻的转型——从"低成本制造"向"高科技智造"的蜕变，中国制造正通过数字化和智能化的赋能，走向全球价值链的高处。海尔、中车、大疆、比亚迪、宁德时代等代表性企业，正是这一趋势的最佳例证：它们通过融合人工智能、物联网和大数据技术，不仅重塑了自身产品的竞争力，也向世界展示了中国制造如何通过数字化实现创新，形成新时代的新质生产力。

这种转型不禁让人联想到日本在"二战"后从"廉价制造"到"精益生产"的崛起路径。哈佛商学院教授迈克尔·波特在其著作《竞争优势》中提道："真正的竞争优势不仅仅在于成本优势，还在于通过创新和差异化创造的高价值。"过去的几十年中，日本通过工艺和技术的升级，成为全球科技制造的领军者。而今天的中国，正通过数字化转型和智能化制造，走出一条具有中国特色的全球化之路。

数字化转型的最终目标，是将"数据"转化为"智慧"，以推动企业决策智能化、运营高效化和客户体验个性化。这一过程中，数智化不仅成为企业成功出海的重要驱动力，也为国家层面的经济竞争力提供了强大支持。

从企业视角来看，数智力的修炼不仅是工具和技术的升级，更是战略思维的深化。出海企业必须善于利用数字化技术挖掘海外市场潜力，通过智能化管理优化资源配置，同时用数据赋能品牌、营销和客户服务，真正做到从市场洞察到价值创造的全面转型。

同时，数智化出海也是对中国国家品牌的一种全新诠释。通过智造赋能全球供应链，中国正在将数字化和智能化的优势转化为影响全球经济格局的力量。正如经济学家熊彼特所言："创新是经济发展的核心动力。"通过数智力的深化修炼，企业不仅能够实现自身的可持续增长，更能为全球市场带来全新的价值和无限的可能性。

## 企业数据驱动文化的"ABCD 法则"

克劳斯·施瓦布在《第四次工业革命》中说："数据是企业新的石油，但它只有在能够进行有效提炼时，才能创造巨大的价值。"

随着全球数字化转型的不断推进，数据驱动已成为现代企业管理的重要支柱。根据《哈佛商业评论》的报道，超过 70% 的高层管理者表示，他们依赖数据来优化决策和战略执行[①]。在过去的十年中，数据驱动不仅改变了企业的运作模式，也重新定义了全球竞争的规则。

在我担任 NetApp 亚太区 CMO 期间，"数据驱动"不仅是公司文

---

① From "*Build a Pipeline of Business Savvy Leaders*" which was published by the Harvard Business Review (HBR) on January 26, 2021.

化的核心口号,更是我在营销管理中的指导信条。NetApp作为一家全球领先的企业级存储与数据管理公司,致力于帮助各行各业的客户实现数字化转型,数据驱动则是支撑这一转型的关键要素。

对于企业的市场部门来说,通过数据分析,能提升洞察力,更精准地把握市场动向、识别客户需求,并为决策提供可靠依据。通过数字化营销手段,可以有效地触达目标客户群,与客户沟通并传递有价值的内容。通过动态的监测,可以分析竞争态势并挖掘潜在机会。通过量化的指标与系统实时监测的数据,可以及时了解到营销的效果并进行必要的调整。

特别值得一提的是,在战略制定上,数据的应用使企业能够基于客观事实而非单纯依赖经验主义来作出决策。这样的决策过程,有助于企业制定出更加科学、精准和可执行的战略。

在负责亚太市场期间,我经常利用数据分析来观察不同地区市场的差异,并据此调整推广策略,同时,通过持续监控KPI(关键绩效指标),确保团队目标的达成。以东南亚和印度市场为例,数据分析帮助我们识别了不同地区的需求和发展阶段。在印度市场,我们发现客户对中端存储解决方案的需求非常强烈,因此调整了产品推广的重点。在新加坡和韩国等成熟市场,客户更加关注云计算服务和SaaS的增长潜力,因此我们加大了云产品的推广力度。正是通过这种数据驱动的策略,我们能够高效地利用资源,快速响应市场变化,从而提高市场渗透率。

数据驱动的理念不仅对跨国企业至关重要,对那些正在走向全球化的中国企业来说,同样具有深远的意义。面对陌生的市场环境、文化差异和政策壁垒,如何依靠数据进行科学决策,成为中国企业成功出海的关键。通过数据,企业能够更精准地了解当地市场需求、消费者偏好,并优化供应链运营,确保资源的精准配置。

然而,"理想很丰满,现实很骨感"。据我观察,并非所有企业都能完全接受数字驱动的决策文化,尤其是中小型企业。有些企业依赖创始人的个人决断,有些企业则倾向于领导层凭借感觉和经验作出决策,还有些企业则是盲目跟随市场趋势,别人做什么,它们就做什么。

要让数据真正成为企业发展的核心驱动力,首先需要一套系统的方法论,让数据驱动的理念从高层到基层深度融入企业文化之中,这套系统的方法论我称之为"ABCD 法则"(图 6-1),这是企业建立数据驱动文化的四个关键步骤。

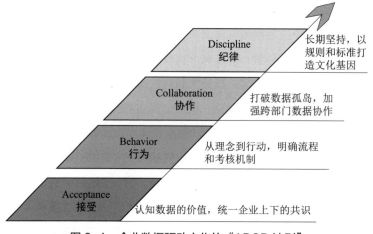

图 6-1 企业数据驱动文化的"ABCD 法则"

## A——Acceptance(接受):认知数据的价值

推动数据驱动文化的第一步,是让企业内部上下形成共识,深刻认识到数据不仅仅是技术部门的工具,更是企业管理和决策的核心资源。这需要高层管理者带头示范,通过设定数据优先的战略目标,以及用实际决策案例展示数据驱动的成效,让全体员工理解"数据即价值"。

### B——Behavior（行为）：从理念到行动

仅仅接受数据的重要性是不够的，企业需要将数据驱动落实到日常行为中。这包括明确以数据为依据的决策流程、推广数据工具的使用，以及建立以数据成果为导向的绩效考核机制。通过这些行为上的转变，让数据驱动逐步从理念上升为整个组织的行为习惯。

### C——Collaboration（协作）：打破数据孤岛

数据驱动文化的推广过程中，经常面临部门间数据不共享、信息孤岛的难题。为此，企业需要建立统一的数据管理平台，加强跨部门之间的协作，让数据流动更加顺畅。这不仅提高了资源利用效率，也为全局化、长远的战略决策提供了全面视角。

### D——Discipline（纪律）：打造持续的文化基因

数据驱动文化的建立并非一朝一夕之事，而是一个需要企业长期坚持和培养的过程。这要求企业制定明确的规则和标准，包括数据收集的规范性、分析工具的统一性以及数据安全的保障措施。通过系统化、纪律化和规则化的管理，数据驱动文化可以固化为企业的长期竞争优势。

以"ABCD 法则"为基础，企业可以循序渐进地建立数据驱动文化，使数据真正成为贯穿全局的核心力量。

阿里巴巴是中国企业出海的典范，其成功的背后，数据驱动文化扮演了至关重要的角色。通过数据的采集、分析和应用，阿里巴巴不仅实现了内部的高效管理，还通过数据赋能生态系统合作伙伴，在全球市场中占据竞争优势。

在阿里巴巴，数据驱动并非一开始就被全员接受。最初，只有技术团队深刻理解数据的潜力，而业务部门对数据的价值认识不足。为了打破这一壁垒，马云提出"让天下没有难做的生意"这一愿景，并通过业务场景展示数据价值。例如，阿里利用平台数据向商家推送精准的消费趋势分析，帮助他们优化库存与供应链，从而提高运营效率。这种以成果为导向的示范让全体员工逐渐认识到，数据是战略和执行的共同基础。

阿里巴巴在行动层面推进数据驱动，通过一系列明确的机制实现了理念到行动的转变。例如，在其旗下的天猫平台，通过实时数据分析帮助商家优化广告投放，制定以数据为核心的精准营销策略。同时，阿里巴巴设立了数字化运营KPI，要求各业务部门以数据成果作为评估的核心指标，推动员工从感性经验转向理性分析。

面对业务多元化的挑战，阿里巴巴通过"阿里云"这一统一的数据平台和云中心，解决了内部信息孤岛问题。阿里云将天猫、菜鸟、支付宝等多条业务线的数据整合为一个全局数据库，不仅使数据流动更加高效，还为决策提供了全面而可靠的支持。例如，在"双十一"全球购物节期间，各业务线通过实时数据共享实现了协同联动，成功处理了海量订单，满足了全球消费者的需求。

在数据管理方面，阿里巴巴非常注重纪律性。它制定了一系列数据安全与合规政策，确保数据的收集、存储与使用符合法规要求。同时，通过内部培训和文化推广，使"数据驱动"成为每位员工的职业习惯。例如，阿里云推出"数据中台"培训课程，帮助员工深刻理解数据分析工具的使用方法，从而在组织内形成长期的竞争力。

通过"ABCD法则"，阿里巴巴成功地将数据驱动深度融入企业文化，塑造了一种以数据为核心的管理理念。这种文化不仅支撑了其在国内市场的领先地位，还助力其推进全球化战略，成功拓展了东南亚、欧洲和北美等国际市场，使得企业在复杂多变的全球环境中具备强大的竞争力和适应能力。

数据驱动文化的价值不仅在于提升运营效率，更在于为全球化进程提供了一种全局化的思维方式和协作机制。以东南亚市场为例，阿里巴巴通过数据分析，准确洞察当地消费者需求和市场趋势，同时通过文化上的高度协作，确保跨团队和跨地域的资源调配能够高效执行。这种以数据为基础的文化推动了创新能力的提升，也加强了组织在多元文化背景下的凝聚力。

很多出海企业可以从阿里巴巴的数据驱动文化中汲取经验，在全球化过程中，不仅要以数据优化运营和决策，更要通过构建以数据为中心的文化，增强组织的战略适应性和跨文化协作能力。以此为基础，企业将逐步从数字化迈向数质化，直到实现数智化的跃迁，从而打造全球竞争力。

## 数字·数质·数智：亚马逊和金蝶国际的跃迁之路

数字化时代带来了前所未有的深远变革，其广泛的影响力和强大的推动力充分体现了数据的重要性。数据是数字化转型的核心基础，可以说是数字时代最珍贵的资源。然而，仅仅拥有数据还不足以创造价值，因为原始数据就像未经提炼的"原油"，只有经过加工和优化，才能释放其真正的潜力。

实现数字化价值的关键在于数据的质量，即"数质"。低质量甚至错误的数据只会给企业带来冗余和误导。从"数字"到"数质"的转变，是企业重新挖掘数据潜能、提升数据质量并推动业务创新的必经之路。这一转变不仅需要深刻的洞察力，还需要完善的工具与技术支持。

随着人工智能特别是生成式人工智能（AIGC）的迅猛发展，数字化正加速向智能化迈进。在全球化竞争日趋激烈的今天，企业通过从"数字驱动"进阶到"智能赋能"，不仅能显著提升运营效率，还能在出海过程中以数智力实现突破，从而在国际市场中占据竞争优势。

我们可以把这一演进过程叫作"数智跃迁金字塔"（图6-2）。

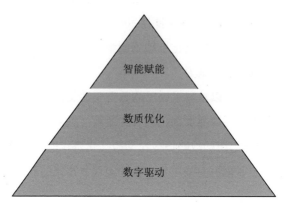

图6-2　数智跃迁金字塔

"数智跃迁金字塔"清晰描绘了企业从数据采集到数据价值实现，再到智能化应用的进阶路径。这一模型强调了从基础数据管理到高阶智能驱动的三个阶段：数字驱动（Data-Driven）、数质优化（Data Quality Optimization）、智能赋能（Intelligent Empowerment）。它们共同构成了企业数智化转型的核心框架。

这三个阶段并非完全孤立，而是相互依存、递进发展的关系。数字驱动是起点，它通过大规模的数据采集和存储为企业提供了基础能力；数质优化则是转折点，企业在这一阶段聚焦于提高数据的可靠性、相关性和准确性，从而为决策和创新提供有力支撑；智能赋能则是最终的跃迁目标，它以数据为基础、以质量为保障，结合人工智能和自动化技术，全面释放数智化转型的潜能。

需要注意的是，数智跃迁并非一蹴而就。大多数企业在从数字驱动迈向智能赋能的过程中，经历了较长时间的演进。这一进程往往伴随着技术的升级、组织文化的转型以及战略的不断调整。虽然每个阶段都有其独特的价值，但只有打牢基础、精益求精，才能实现从量变到质变的飞跃。

## 第六章 数智力修炼：从数据驱动迈向人工智能驱动

从实际应用来看，许多成功的企业已经在这一进阶路径上取得了卓越的成果。它们不仅依靠数字化技术改造传统业务模式，还通过智能化的赋能，在全球市场中创造了全新的竞争优势。我们可以通过以下两个案例来具体阐释这一跃迁路径的实际价值，分别是全球电商巨头亚马逊和中国企业级软件领域的代表金蝶国际。

### 案例1：亚马逊的数智跃迁之路

亚马逊作为全球数字化转型的典范，以其卓越的技术创新能力持续引领行业发展。其数智跃迁之路清晰展现了从"数字驱动"到"智能赋能"的逐步进阶。

在数字驱动阶段，亚马逊通过其庞大的电商平台积累了全球范围内海量的消费者行为数据。这些数据不仅涵盖用户的购买历史，还包括浏览习惯、商品评价以及库存变化等多维度信息。亚马逊利用这些数据建立了强大的分析能力，使其能够精准预测需求变化，优化供应链管理，降低库存成本，同时通过个性化推荐算法提高用户转化率。这种数据驱动的商业模式为亚马逊奠定了牢固的市场地位。

进入数质优化阶段，亚马逊将关注点从单纯的数据积累转向数据质量的提升。例如，在物流体系中，亚马逊通过部署传感器和物联网设备采集实时数据，确保仓储、运输和配送的每个环节都实现了高度可视化和精确管理。此外，其云计算服务公司AWS（Amazon Web Services）不仅为自身提供了高效的数据存储和处理能力，还为全球大量企业提供了丰富的数据分析和优化工具。通过这些高质量的数据分析能力，亚马逊成功将海量数据转化为洞察力，用于优化内部流程和对外服务，赋能其他企业实现数字化转型。

在智能赋能阶段，亚马逊通过人工智能和机器学习技术的深度应用实现了跨越式发展。其Alexa智能语音助手不仅为数百万用户提供个性化的智能家居体验，还通过语音交互数据进一步完善其人工智能技术，使设备的响应更加智能化。与此同时，亚马逊的无人零售商店Amazon Go 则成功将数智化技术应用于线下场景。通过摄像头、传感器和人工智能算法，Amazon Go 实现了"即拿即走"的无缝购物体验，大幅提升了零售效率，并开创了全新的商业模式。此外，亚马逊还在物流领域引入智能机器人和无人机技术，将配送效率和精准度提升到了全新的高度。

亚马逊的成功不仅体现在其内部运营效率的持续提升，也反映在其对行业生态的重塑和全球市场的深远影响。通过数智跃迁，亚马逊已然成为将数据价值最大化和智能技术商业化的标杆企业，其经验为其他企业提供了宝贵的借鉴价值。

### 案例 2：金蝶国际的数智化转型

作为中国领先的企业云服务提供商，金蝶国际为传统科技企业的数智化跃迁树立了典范，其转型历程展示了如何从服务本地中小企业的传统软件公司成长为赋能全球化企业的云服务领导者。

在数字驱动阶段，金蝶通过开发基础数字化工具，为客户提供了财务管理和数据记录解决方案，如 KIS 和 K/3 产品线。这些工具帮助企业实现从手工操作到基础数字化的转变，提升了运营效率，为企业积累了海量的业务数据。金蝶借助这些数据，深入洞察企业管理中的痛点和需求，为后续升级奠定了坚实的基础。

随着客户需求的多样化和业务复杂度的提升，金蝶在数质优化阶段迈出了关键一步。推出的企业级产品 EAS 和 K/3 Cloud，通过数据标准化、整合化和流程优化，帮助企业实现高质量数据的沉淀。这一阶段的核心在于强化数据治理能力，使客户能从清晰且高质量的数据中获得有价值的洞察。例如，金蝶通过云端部署和多系统集成，帮助企业将各部门的数据孤岛打通，实现端到端的运营透明化，提升了决策效率和资源利用率。

在全球化浪潮和人工智能技术兴起的推动下，金蝶迅速进入智能赋能阶段。其旗舰产品金蝶云·苍穹（Kingdee Cloud Cosmic）定位于帮助企业构建智能化的全栈业务架构。这一平台将人工智能、大数据分析、物联网等技术深度融入供应链管理、财务分析和客户关系管理之中。例如，企业通过金蝶云·苍穹智能预算和预测模型，能够实时调整生产和销售策略，减少库存积压，优化成本结构。

相比之下，国外成熟市场的客户更倾向于接受 SaaS 和"云化"服务。在国际化布局中，金蝶提供了一站式的全链路解决方案，涵盖供应链、财务管理、跨境结算和全球运营支持，为出海企业提供了强大支持。

例如，一家传统水泥制造企业在采用金蝶云服务后，成功实现了海外多组织财务体系的统一规范管理，报表编报周期从 5 天压缩至 2 天，全球电商订单执行效率提升了 10%，并通过智能化工具提升了库存管理的精确度。通过这种深度的智能化赋能，金蝶不仅赢得了国内客户的信任，还成为东南亚和"一带一路"沿线国家企业的重要合作伙伴。

通过这一数智化跃迁之路，金蝶从一家传统软件公司转型为全球化的智能企业服务平台，不仅重塑了自身的业务模式，也为不同规模的企业数智化转型提供了清晰的路径和实用工具。这一历程充分说明，即便是传统企业，也能通过数据和智能化技术的融合，实现对市场和客户需求的快速响应，最终在激烈的国际竞争中站稳脚跟。

通过以上两个案例，我们可以清晰地看到，"数智跃迁金字塔"不仅是一个理论模型，更是一条具有实操价值的转型路径。从亚马逊到金蝶，这些企业通过实践证明：从"数字"到"数质"，再到"数智"的演进过程，不仅能重塑企业竞争力，还能在全球化的浪潮中把握先机。

## 企业出海业务增长的"七种武器"

2019年5月初，我前往拉斯维加斯参加NetApp的开年大会（NetApp的财年从每年的5月1日开始）。大会开场时，全球销售负责人塞萨尔（Cesar）——一个风趣的西班牙人——用一种别出心裁的方式调动了全场的热情：伴随着当时风靡全球的抖音神曲，台上乐队鼓点铿锵，全场观众（也就是来自全球各地的同事们）跟随节奏热烈鼓掌，瞬间点燃了现场气氛。

在随后的演讲中，塞萨尔聚焦于数字化转型的高速发展。他展示的第一张图表令人震撼：TikTok作为一款现象级短视频应用，仅用极短的时间便突破了全球1亿用户大关，其增长速度远超推特、脸书和Instagram。这一数据引发全场热议，也从侧面印证了短视频平台在全球范围内的爆发力。

TikTok不仅通过算法推荐和全球化布局重新定义了社交媒体的规则，还为跨国企业提供了低成本、高回报的增长路径。对于中国出海企业而言，数字化浪潮正带来前所未有的机遇。从社交媒体到直播，从SEO（搜索引擎优化）到数字广告，再到电商平台与独立站建设及KOL与达人，各类数字化工具正为企业打开通往全球市场的大门。

许多中国的出海企业经常询问关于海外业务增长的问题。在数字化转型时代，希音借助TikTok平台精准地触达全球年轻消费者并实现了销售额的指数级增长；一家中国SaaS企业通过精准的关键词利用谷歌的SEO成功吸引了大量北美企业用户，从而奠定了稳定的市场基础；某跨境电商则借助Facebook Ads的精准投放功能，在东南亚市场取得了显著突破……这些成就都是运用不同的数字化工具获得成功的具体案例。

每一种数字化工具在不同市场和业务场景中都扮演着独特的角

色。企业需要根据自身需求精确选择，并将这些工具有效整合，以实现业务增长的最大化。我将这些高效的工具总结为企业出海增长的"七种武器"。

### 1. 社交媒体：品牌全球化的加速器

社交媒体为企业提供了前所未有的全球化触达能力，成为品牌构建和市场扩展的利器。对于 B2C 企业，TikTok、Instagram 和脸书等平台帮助品牌快速渗透目标市场。例如，完美日记通过在 Instagram 上投放精美内容，结合与 KOL 的合作，在东南亚和北美市场迅速积累了一大批忠实粉丝，实现品牌曝光与销售转化的双赢。

对于 B2B 企业而言，LinkedIn（领英）是拓展业务和树立行业领导力的关键平台。许多跨国公司通过 LinkedIn 开展"Social Selling"（社交销售），不仅与客户保持互动，还通过发布专业内容来展示其专业形象。对中国科技企业来说，利用 LinkedIn 发布白皮书、技术解决方案以及成功案例，精准定位目标受众，能有效吸引潜在客户，并通过后续互动建立深度联系，为市场拓展奠定坚实基础。

值得注意的是，在新媒体时代，社交媒体成为企业与客户、合作伙伴之间互动与交流的平台。因此，长期影响力将透过社交媒体以个体的形式塑造。

我们可以通过表 6-1 了解到全球主要目标市场流行的社交媒体及其营销适配性。

表 6-1　全球主要目标市场流行的社交媒体及其营销适配性

| 市场 | 适用平台 | 较适合企业类型 | 营销推广特点 |
|---|---|---|---|
| 北美 | TikTok、Instagram、Facebook、LinkedIn | B2C / B2B | TikTok 适合年轻消费群体，LinkedIn 用于专业领域推广 |

续表

| 市场 | 适用平台 | 较适合企业类型 | 营销推广特点 |
|---|---|---|---|
| 欧洲 | Instagram、LinkedIn、Facebook | B2C/B2B | Instagram 在时尚、奢侈品领域强势，LinkedIn 专注 B2B |
| 东南亚 | Facebook、TikTok、YouTube | B2C | Facebook 是主流社交平台，TikTok 助力短视频营销 |
| 中东 | Instagram、Snapchat、LinkedIn | B2C / B2B | Instagram 和 Snapchat 适合消费者市场，LinkedIn 用于 B2B |
| 南亚（印度） | YouTube、Facebook、LinkedIn | B2C / B2B | YouTube 适合视频广告，LinkedIn 用于行业交流与推广 |
| 拉丁美洲 | Facebook、Instagram、WhatsApp | B2C | Facebook 广告精准性高，WhatsApp 适合互动性推广 |

## 2. 直播：互动驱动的销售神器

在国内，直播常与网红带货销售挂钩，但其强大的实时互动能力同样适用于全球市场，是企业触达潜在客户、提升品牌影响力与推动销售的有力武器。

在直播盛行的数字化时代，实时互动为品牌创造了更高的转化率和客户黏性。对于 B2C 企业而言，直播带货是一种高效的销售方式。例如，安克创新在印度市场利用 YouTube 和本地平台 Shopee 开展直播活动，借助平台庞大的用户基础，短时间内大幅提升了耳机等消费电子产品的销量。

对于 B2B 企业，直播同样是展示专业能力与拓展业务的重要工具。例如，一家中国新能源企业在欧洲市场举办了一系列技术分享直播，通过深入解读新能源解决方案、回答观众提问，不仅展示了技术实力，还赢得了多个潜在合作伙伴的关注与商机。

## 3. SEO 与 SEM：驱动长尾增长的隐形利器

SEO 和 SEM（搜索引擎营销）是企业在全球化进程中获取持续增长的重要手段。SEO 通过优化网站内容与结构，提升在自然搜索结果中的排名，是构建长期流量的关键；而 SEM 则通过付费搜索广告（如 Google Ads）精准触达目标用户，是快速获得流量与转化的有力武器。二者相辅相成，可帮助企业在激烈的国际市场中实现"长尾增长"。

作为全球领先的搜索引擎，谷歌在多数市场中占据主导地位，是 SEO 和 SEM 策略的核心。在我负责 NetApp 亚太地区市场期间，Google Ads 付费搜索工具是每年度广告预算的必选项。通过精准投放高意向关键词，有效的付费搜索（Paid Search）可以帮助企业迅速打开目标市场，同时借助 Google Analytics 的数据分析功能，优化广告效果。

对于 B2B 企业，借助谷歌及 Bing 等搜索引擎的专业关键词策略和内容建设，可以显著提升品牌的搜索可见性。例如，一家深圳的电子元器件公司通过优化关键词如 "energy-efficient components"，并结合 Google Ads 进行付费推广，成功提升了欧洲市场的客户转化率。

对于 B2C 企业，Google Ads 的精准定向功能与 SEO 的自然流量获取相结合，能够在激烈竞争中帮助品牌快速脱颖而出。例如，希音通过在谷歌上优化 "affordable fashion" 和 "trendy outfits" 等关键词，并配合动态搜索广告（DSA）精准触达消费者，在欧美市场吸引了大量年轻用户。

此外，在东南亚和印度等市场，本地化 SEO 与付费搜索的结合尤为重要。例如，Shopee Ads 和 Google Ads 双管齐下，已成为许多跨境电商快速提升销量的必备工具。而在多语言环境的欧洲市场，企业通过优化多语言关键词，并使用谷歌和 Bing 广告覆盖不同国家地区，也能显著提升跨国业务影响力。

SEO 与 SEM 的结合，制定有效的本地化策略，不仅是企业出海增长的双引擎，也是构建全球化竞争优势的核心能力（表 6-2）。

表 6-2　不同目标市场的 SEO 与 SEM 适用策略表

| 市场 | 主流搜索引擎 | 较适合企业类型 | 适用策略 |
| --- | --- | --- | --- |
| 北美 | Google、Bing | B2C / B2B | 重点优化长尾关键词与高转化内容，结合 Google Ads 精准投放 |
| 欧洲 | Google、Bing、Yahoo | B2B 为主，部分 B2C | 关注多语言 SEO 策略，结合付费广告覆盖多个地区 |
| 东南亚 | Google、Shopee | B2C | 本地化关键词优化，Shopee Ads 配合电商推广 |
| 中东 | Google、Baidu（部分地区） | B2C / B2B | 使用双语优化策略（阿拉伯语与英语），SEM 注重高曝光广告 |
| 南亚（印度） | Google | B2C / B2B | 使用高搜索量关键词 + 价格敏感词优化，SEM 注重电商产品推广 |
| 拉丁美洲 | Google、Yahoo | B2C 为主 | 侧重移动端优化与西班牙语关键词策略，SEM 提升电商广告覆盖率 |

**4. 数字广告：精准触达的必备武器**

数字广告的优势在于其强大的精准定位能力和多样化的广告形式，为企业提供了高效触达目标客户的手段。在 B2B 和 B2C 领域，数字广告已经成为拓展市场和推动销售的关键武器。

对于 B2B 企业而言，Google Ads 是不可或缺的工具。通过精准的关键词竞价和定向功能，企业能够将广告投放给具有明确需求的客户群体。例如，许多中国 SaaS 企业通过 Google Ads 定位欧美的中小型企业客户，将解决方案的广告精准推送至相关行业决策者面前，从而实现了潜在客户的快速转化。

在 B2C 领域，Facebook Ads 的互动性广告形式尤为出色。其动态产品广告功能根据用户的兴趣、浏览历史和购物习惯自动推荐个性化商品，有效提升广告点击率和转化率。例如，某美妆品牌以"国货出海"为战略目标，在东南亚市场采用 Facebook Ads 动态产品广告策略，通过精准的受众定位和个性化推荐，结合特定人群的购物行为数据，不仅显著提升了品牌曝光度，还实现了销售额的快速增长。

此外，随着短视频平台的兴起，TikTok Ads 等新兴数字广告形式也在快速发展。通过趣味性与高参与度的内容，企业可以更深入地融入消费者的生活场景，与其建立情感联系，为品牌长期增长铺平道路。

数字广告的核心在于将"对的广告"在"对的时间"呈现给"对的人"，企业若能巧妙结合平台优势和数据洞察，将有效实现品牌全球化增长的目标。

### 5. 电商平台与独立站：渠道拓展与数据掌控的利器

电商平台与独立站（Direct-to-Consumer，DTC）已成为出海企业拓展市场、掌控数据的双重利器。这两种模式各有侧重：电商平台提供流量入口和品牌触达的高效路径，独立站则赋予企业更大的灵活性和数据掌控力。

借助亚马逊、Shopee、Lazada 等主流电商平台，B2C 企业能够快速融入全球市场，尤其是在欧美和东南亚地区（表 6-3）。这些平台不仅拥有庞大的用户基数，还提供完善的支付和物流体系，大大降低了企业进入海外市场的门槛。例如，小米生态链企业华米科技（Amazfit）在出海初期，在亚马逊上成功建立用户基础并提升品牌知名度，依托平台的全球配送网络和客户评价系统，快速打开了北美市场。同时，亚马逊广告功能帮助其高效覆盖目标用户，助力销量持续增长。

相比之下，独立站属于让企业直接掌控用户数据和交易链条，为品牌打造长期增长的"护城河"。比如，希音通过自建独立站，不仅实现了用户行为数据的精准掌控，还能快速根据市场反馈调整库存和

表 6-3　不同目标市场的电商平台选择

| 市场 | 主流电商平台 | 适用企业类型 |
| --- | --- | --- |
| 北美 | Amazon、Walmart、eBay | 消费电子、家居用品 |
| 东南亚 | Shopee、Lazada、Tokopedia | 时尚、美妆、小家电 |
| 欧洲 | Amazon、Zalando、Otto | 消费电子、服装配饰 |
| 印度 | Flipkart、Meesho | 低价消费品、日用商品 |

新品策略，形成了高效的供应链闭环。在 B2B 领域，许多中国制造企业通过独立站直接与客户建立联系，摆脱对第三方平台的依赖，同时增强了品牌在国际市场的自主性。

对于出海企业而言，电商平台和独立站并非二选一，而是可以协同发展的"武器组合"。初期，企业可利用电商平台快速打开市场并验证产品需求；中后期，通过独立站积累客户资源，强化品牌忠诚度，并实现产品和服务的精细化运营。例如，华米科技在亚马逊建立起品牌基础后，自建独立站推广定制化产品与服务，通过独立站掌握用户数据，精准推出适合不同市场需求的新品，形成了平台与独立站相辅相成的战略闭环。

通过在平台和独立站之间找到最佳平衡，出海企业能够更灵活地应对市场变化，同时掌控数据，以实现增长潜力的最大化。

## 6. KOL 与达人营销：信任驱动的增长加速器

通过与 KOL 或网红达人的合作，企业可以快速建立信任并触达更广泛的受众。在消费者更加依赖社交媒体和口碑推荐的时代，KOL 与达人营销成为品牌提升影响力、推动转化的重要方式。

B2C 企业尤其青睐这种模式。例如，一家中国美妆品牌在进入东南亚市场时，与当地知名的美妆达人合作，通过 Instagram 和 TikTok 平台发布产品试用视频和使用心得。这些内容直观地展示了产品效果，并借助达人的信任背书快速吸引了目标受众，销量在短时间内大幅增长。

B2B企业也一直将KOL营销纳入品牌策略。通过与行业专家或KOL合作，企业可以更好地树立专业形象和技术权威性。例如，一家中国人工智能企业在欧洲市场推出新一代智能解决方案时，邀请当地的人工智能专家发表深度测评文章和线上分享会。这样的合作不仅提高了技术信任度，还有效扩大了品牌在专业圈层的知名度。

此外，结合数据驱动和精准投放，KOL营销可以实现更高的投资回报率。通过分析用户画像和KOL的粉丝特征，企业能够选择最符合品牌定位的合作对象，确保内容与目标群体的高度契合。

值得注意的是，成功的KOL营销不仅依赖于达人的影响力，还需要确保内容的真实性和创意性。无论是短视频、直播还是深度测评，只有真正打动受众、满足其需求的内容，才能转化为实际的增长动力。

## 7. 在线会议：连接世界的沟通利器

在通常情况下，在线会议常被视为企业内部沟通与协作的重要工具，尤其是在跨国团队中，Zoom和Microsoft Teams等平台已经成为日常工作不可或缺的一部分。

然而，在线会议的作用远不止于此——它不仅能显著提升内部协作效率，更是一种连接客户和合作伙伴、实现"跨时空信息同步"的利器。

对于B2B企业而言，在线会议是推进复杂项目和建立信任关系的关键工具。跨国企业召开Webinar（在线研讨会）非常普遍，大型IT企业的定期在线研讨会议几乎覆盖亚太区每个国家的市场。对于中国出海企业来说，在线会议同样是实现与客户互动的必选项。例如，一家中国新能源企业通过定期举办在线研讨会，与欧洲和北美的客户分享最新技术方案和成功案例，不仅成功拓展了市场，还进一步巩固了其品牌的技术领先地位。

在 B2C 领域，在线会议同样展现出强大的商业潜力。一家跨境电商企业利用实时在线会议向东南亚市场的消费者详细介绍新品功能，并实时解答问题。这种互动形式显著增强了用户体验，提升了用户黏性和购买转化率。

在线会议不仅是一种工具，更是一项战略。它帮助企业突破地理限制，拉近与全球市场的距离，真正实现了"连接世界"的使命。

从社交媒体到电商平台，再到 SEO、KOL 营销等多种"武器"，出海企业可以通过灵活运用这些工具实现全球市场的快速渗透与长期增长。每种"武器"都有其独特的优势，B2B 和 B2C 企业可以根据自身需求进行精准选择与组合，以最大化市场影响力。

随着全球化竞争的加剧，企业不仅要依靠单一手段，还需通过一体化的战略布局，形成线上线下、流量与数据的有效联动。这种多维度的战略组合，正是出海企业在复杂国际市场中成功突围的关键。

Temu 通过其独特的 O2O 模式，将线上与线下优势完美融合，为其他出海企业提供了重要的市场拓展借鉴。

## 出海 O2O：Temu 的一体化模式

O2O 这一概念最早起源于美国的电子商务模式，意指将线上机会转化为线下活动。随着中国互联网技术的飞速发展、移动支付的普及以及多元化商业模式的涌现，O2O 逐渐演变出多种场景应用。例如，线上流量转化为线下消费的餐饮与商品团购模式，以及通过线上平台连接线下服务的滴滴打车和外卖配送模式等，都是 O2O 模式在不同领域的典型实践。

对于 B2C 企业而言，O2O 模式彻底重塑了商业和营销逻辑；而对于 B2B 企业，O2O 同样成为不可或缺的运营思维和市场实践。从数字营销到面对面沟通，线上与线下的结合已成为企业与客户互动的基本手段。

中国企业出海面向国际市场，O2O 不仅是打破线上与线下边界、实现全方位客户互动的关键策略，更是深度触达客户、挖掘市场潜力、实现业务增长的战略性实践。

### 案例：Temu 在北美市场上实现线上线下一体化运营

作为拼多多旗下专注海外市场的电商平台，Temu 是 O2O 模式在出海实践中的典范之一。它在北美市场的快速崛起，不仅展现了线上平台的流量驱动能力，更通过整合线下供应链和本地服务，实现了线上与线下的深度融合。这种模式为出海企业提供了宝贵的参考。

**1. 以线上平台为核心，快速吸引流量**

Temu 以极具吸引力的价格策略和创新的数字营销手段，在北美市场赢得了大批用户。

• 低价爆款策略：Temu 通过精选高性价比商品（如日常用品、小家电等），结合限时优惠、免费配送等促销手段，迅速激发消费者购买欲望，带动平台流量。

• 数字营销驱动：大规模投放社交媒体广告，尤其是在 TikTok 和 Instagram 上，通过短视频和用户生成内容（UGC）增强品牌认知度，提升用户参与度。此外，Temu 还运用了智能推荐算法，根据用户数据精准推送个性化商品，进一步提高购买转化率。

• 裂变传播：通过拼单优惠、邀请奖励等机制，激励用户主动分享平台信息，实现快速传播，进一步扩大品牌曝光和用户基础。

**2. 整合线下资源，提升运营效率**

线上模式的成功离不开线下资源的有力支撑。为了更好地实现 O2O 模式的闭环，Temu 高度整合了线下资源，特别是在仓储、物流和配送方面。

· 全球供应链支持：依托母公司拼多多的供应链优势，Temu 从源头工厂到物流配送，实现了低成本的快速供货，满足北美市场对高性价比商品的需求。

· 物流网络优化：Temu 与北美本地物流公司合作，并建立了多个区域仓储中心，有效缩短了配送时间，提高了整体运营效率，提升了用户体验。

· 消费者反馈闭环：通过线下市场调研和用户访谈，Temu 深入了解北美消费者的偏好和需求，及时将反馈应用到线上平台的商品选择和运营优化中，从而实现了更精细化的市场运营。

### 3. 构建线上线下深度互动的商业生态

Temu 不仅依托线上平台吸引流量，还通过本地化运营和线下互动，进一步巩固其市场地位。

· 本地化服务：Temu 支持北美主流支付方式，提供 24/7 的全天候客户服务，解决跨境电商中常见的信任和服务障碍，拉近了与消费者的距离，增强了品牌亲和力。

· 线下体验与推广：Temu 通过快闪店等形式在线下与消费者互动，同时参与本地节日活动或与实体零售商合作，增加品牌曝光度，并进一步强化了用户黏性。

· O2O 营销：Temu 通过赞助 2024 年超级碗并在 YouTube 投放广告（图 6-3），结合电视和数字平台的优势，使品牌在短时间内触达数百万潜在用户。这一策略不仅提升了线上流量，还增强了品牌在美国市场的存在感，成功将线上引流转化为线下消费者行为。

Temu 的线上线下一体化模式成功地将线上流量引导到线下转化，推动了品牌的全球扩张。通过数字营销、低价策略、物流资源整合以及本地化运营，Temu 在北美市场迅速崛起，成为出海企业在 O2O 领域的成功典范。这一模式不仅为其他出海电商提供了宝贵的经验,也展现了 O2O 模式在全球市场中的强大潜力。

图 6-3　Temu 成为 2024 年美国超级碗赞助商
（Temu 在 YouTube 上的短视频广告截图）

然而,Temu 所面临的竞争环境十分复杂,有成熟的电商平台的竞争,如亚马逊等,有其他出海电商的竞争,如希音等。每个平台都有其独特的优势（表 6-4）。尽管 Temu 在短时间内取得了显著成绩,但未来如何持续创新、保持竞争力,将是其面临的一个重大考验。

表 6-4　Temu 与其他电商的比较

| 对比维度 | Temu | 希音 | 亚马逊 | Shopee |
| --- | --- | --- | --- | --- |
| 定位与目标市场 | 北美为核心市场,主打极致性价比 | 全球快时尚,瞄准年轻消费者 | 全球市场,产品丰富,生态系统完善 | 东南亚和新兴市场,本地化运营显著 |
| 流量获取方式 | 社交媒体广告、裂变传播 | 数据驱动精准推荐 | 广泛广告覆盖,Prime 会员体系 | 结合社交与游戏化互动 |
| 供应链整合 | 依托拼多多,深度整合中国供应链 | 快速反应供应链,自有设计+代工模式 | 全球化采购,强调仓储与物流效率 | 本地仓储+跨境物流整合 |

续表

| 对比维度 | Temu | 希音 | 亚马逊 | Shopee |
|---|---|---|---|---|
| 物流与交付 | 区域仓储与本地物流合作 | 高效跨境物流 | 自有物流网络（如Amazon FBA） | 跨境物流与本地配送灵活结合 |
| 本地化策略 | 支持本地支付方式，建立本地化客服团队 | 基于数据洞察调整设计和营销 | 根据市场需求优化选品 | 提供多语言支持，适应本地节庆与文化 |
| O2O融合表现 | 快闪店、线下推广活动，线上线下互动 | 完全线上模式为主，线下互动较少 | 自建线下书店和零售体验店，拓展服务场景 | 线下活动结合线上促销 |
| 面临的挑战 | 物流成本、品牌信任、北美市场竞争 | 产品质量争议、供应链压力 | 增长瓶颈，跨境政策影响 | 本地竞争对手崛起，运营成本上升 |

Temu的成功充分体现了数智力的关键作用：通过智能算法优化推荐，利用大数据驱动供应链管理，企业不仅能够降低成本，还能提高运营效率和客户满意度。这些能力正是"数智力修炼"的核心实践。

随着科技进步和商业模式的不断演进，O2O模式正在向O2M模式（线上到多渠道）转型。企业正逐步整合线上、线下及多种交互渠道（如社交电商、直播带货、实体零售、品牌官网），为客户提供无缝连接的体验。这一转型要求企业在技术能力和客户洞察上不断提升，以应对日益复杂的市场需求。

未来，人工智能和增强现实（AR）等技术将在O2O场景中发挥更加重要的作用。例如，增强现实技术可能用于提升线下门店的互动体验，人工智能则将在优化线上线下客户路径方面发挥关键作用。这些前沿技术的应用将帮助出海企业更精准地打通全渠道生态，为客户创造全新的消费旅程。

从O2O的整合到O2M的演变，再到人工智能的深度赋能，出海企业正在进入一个更加智能化、个性化和全局优化的新时代。

## 迈向人工智能时代的出海

随着人工智能技术的飞速发展，全球商业环境正进入一个智能化、数据驱动的新时代。人工智能不再仅仅是技术领域的热门话题，而是逐渐渗透到各行各业，成为推动企业创新和转型的核心动力。

在研究人工智能对企业的影响时，我们可以将企业分为两类：人工智能原生企业（AI-Native Companies）和非人工智能原生企业（Non-AI-Native Companies）。

人工智能原生企业，例如OpenAI和特斯拉，以人工智能为核心驱动力，其产品、服务及运营模式完全依托人工智能技术。OpenAI通过其先进的自然语言处理模型（如GPT），推动内容生成、翻译和客服领域的革新；特斯拉则利用人工智能技术实现自动驾驶及智能制造，持续引领全球汽车行业变革。

与之对比，非人工智能原生企业虽拥有深厚的行业经验，但其人工智能的应用主要集中于优化传统业务模式。这些企业需要克服从文化到技术落地的多重挑战，才能真正释放人工智能的潜力。例如，传统零售巨头沃尔玛通过人工智能优化供应链管理与库存预测，大幅提升了运营效率。

对于出海企业而言，人工智能的影响不仅仅是帮助企业实现内部运营的优化，更在于帮助企业更精准地把握全球市场趋势、实现本地化战略。特别是体现在以下几个方面。

### 1. 高效的市场洞察

人工智能驱动的数据分析工具可以实时捕捉市场动态，为企业提供精准的消费者行为洞察和需求预测。例如，安踏通过人工智能技术优化其全球化布局，不仅提升了商品市场和物流的协同性，还能根据不同市场的需求调整产品设计和营销策略。这种基于数据驱动的精确洞察，帮助安踏在海外市场得以更快建立品牌认知。

**2. 优化全球供应链管理**

人工智能赋能的供应链平台通过预测需求、优化物流路径和动态调整库存，不仅提升了运营效率，也降低了成本。例如，安踏通过人工智能技术对物流和库存进行精准预测，不仅缩短了交货时间，还减少了因库存积压而带来的浪费。这样的技术能力使其在国际市场竞争中保持灵活性和效率。

**3. 提升营销精度**

在市场营销领域，人工智能已经成为提升ROI的关键武器。例如，字节跳动旗下的TikTok Ads服务，通过人工智能分析消费者的兴趣和行为数据，为跨境电商和品牌商定制个性化广告投放方案。这种以人工智能为核心的精准营销帮助企业以更低的成本实现目标受众覆盖，尤其在新兴市场中展现了强大的增长潜力。

通过以下表格，我们可以了解到几个不同行业的出海企业如何通过人工智能驱动实现业务转型以及在海外市场的成功实践（表6-5）。

表6-5 非AI原生企业出海的AI驱动实践

| 行业 | 企业案例 | 人工智能应用场景 | 效果与成果 |
| --- | --- | --- | --- |
| 零售业 | 安踏 | 通过人工智能优化产品设计和全球供应链，预测消费者需求并制定本地化营销策略 | 提高库存周转率，减少浪费，在东南亚和欧洲市场品牌认知度显著提升 |
| 制造业 | 三一重工 | 利用人工智能技术优化工业设备运行和维护，提供预测性维护服务，同时通过智能工厂提高生产效率 | 降低设备故障率，提升生产效率，在东南亚和非洲市场成为工业设备的领先品牌 |

续表

| 行业 | 企业案例 | 人工智能应用场景 | 效果与成果 |
|------|---------|----------------|----------|
| 旅游业 | 携程 | 使用人工智能聊天机器人与语音助手,24/7提供多语言服务,优化搜索和推荐算法,提升用户体验 | 增加国际用户量和留存率,在日本和东南亚市场的市场份额大幅上升 |
| 物流与运输 | 顺丰国际 | 应用人工智能进行动态路线优化、物流需求预测和跨境物流的成本控制 | 降低运营成本,缩短跨境物流时效,在北美市场扩展更快 |
| 医疗业 | 华大基因 | 通过人工智能分析基因数据,提升精准医疗能力,并优化疾病筛查和诊断流程 | 提高检测效率,在非洲和拉美等市场大规模推广基因筛查和健康管理服务 |
| 娱乐与媒体 | 字节跳动 | 借助人工智能算法精准推送内容,根据用户偏好实现本地化推荐 | 成功在全球特别是北美和欧洲市场获得快速增长,成为内容平台标杆 |

尽管人工智能为出海企业打开了通往智能化时代的大门,但它也带来了前所未有的挑战。一方面,人工智能技术的普及加速了部分岗位的自动化替代,许多企业不得不重新审视其组织架构和人力规划。例如,谷歌和微软等跨国巨头因人工智能驱动的自动化浪潮调整了裁员策略,这既反映了企业在技术变革中的阵痛,也凸显了员工技能转型的紧迫性。另一方面,在全球化与智能化的双重背景下,出海企业亟须拥有跨文化适应能力和数字智能技能的复合型人才。这不仅关乎个体的成长,更关乎企业在未来竞争格局中的位置。

从市场洞察到营销优化,从供应链管理到组织调整,人工智能正在全方位重塑出海企业的运营模式。然而,技术的赋能离不开人的推动。如何培养出"国际数智人",让每一位出海人在人工智能时代中充分发挥潜力,将成为决定出海企业迈向全球成功的关键议题。

## 成为"国际数智人"

2023 年秋，NetApp 日本公司迎来了 25 周年庆典活动。负责全球 CEO 来访计划的日本技术官金原东彦给我发来了一份详细的英文计划。让我吃惊的是，这份计划不仅内容结构清晰，逻辑严谨，且几乎没有明显的语言错误。尤其令人意外的是，他在短时间内完成了涉及多方协调和细节把控的复杂安排，而这类工作通常需要较长时间才能达到这样的专业水平。要知道，大多数日本同事在英文书写方面并不擅长，即使是需要经常撰写英文文案的员工，也可能需要花费更多时间来处理如此复杂的内容。

在仔细审阅后，我仅仅发现了几个小的用词问题，便通过 Teams 给金原发去即时信息提醒。没想到他先回复了个鬼脸，然后幽默地回道："要怪就怪 ChatGPT！"

这一刻我才明白，金原借助了 AIGC 工具，快速生成了这份高质量的行程计划。即便不是专业的行政人员，也能通过人工智能高效完成任务。这件小事让我真切感受到人工智能的力量，也让我意识到，它正在颠覆我们传统的工作方式——即使是在日本这样比较传统的市场。

未来，企业的全球化发展将离不开人工智能。人工智能不仅是推动效率的工具，更是帮助企业进入国际市场的"通用语言"。彼得·圣吉在《第五项修炼》中指出："学习型组织是企业在动态变化环境中唯一持久的竞争优势。"在人工智能浪潮下，学习型组织的理念愈发重要，因为出海人需要具备超越地域和文化边界的学习能力。

这种学习能力不仅体现在人工智能技能的掌握上，更在于如何将人工智能技术与不同文化和市场需求相结合，形成"全球视野 + 本地实践"的独特竞争力。例如，理解人工智能算法的逻辑仅是起点，真正的价值在于将其应用于满足本地消费者的需求，搭建跨文化沟通的桥梁。

企业要推动"区域人才"向"国际人才"的转型，必须建立数智力文化，这不仅是一种技术变革，更是全球化背景下企业文化的延伸。数智力文化包括以下三大核心要素。

### 1. 国际视野的技术开放性

企业需要鼓励员工理解人工智能在全球市场的多样化应用场景，尤其要注重平衡通用方法与本地化策略。例如，在全球市场中推广产品时，技术开放性能够帮助企业在不同文化中找到最优解。

### 2. 跨文化的创新驱动

人工智能作为技术工具，更是促进跨文化创新的催化剂。通过分析全球消费者数据，企业可以找到市场需求的共性与差异，从而制定优化的产品设计与推广方案。

### 3. 利用人工智能实现全球协同力

在多文化团队中，人工智能工具能够加强跨区域协作，例如共享数据和技术，推动全球范围内的协同创新。

人工智能不仅为企业带来了技术上的升级，也为个人职业发展指明了新方向。在人工智能驱动的时代，企业需要通过建立跨国界的知识共享平台，帮助员工掌握人工智能技能，并在全球市场中找到自己的价值。

正如管理大师德鲁克所说："全球化让世界更紧密相连，而技术让这种连接更加高效。"只有将人工智能技术与全球化战略结合，企业才能在技术与文化交融中创造持久的竞争优势。而在这一过程中，真正的驱动力来自于人。培养每一位出海人都成为"国际数智人"，将是企业迈向人工智能时代的核心命题。

## 要点小结

- 数字化正在重塑竞争格局和发展路径,中国的智能制造已经在全球化产业链中抓住了重要的发展机遇。数智化出海成为展示中国国家品牌的新方式。

- 要让数据真正成为企业发展的核心驱动力,可以采用系统的方法论,即"ABCD法则"——Acceptance(接受)、Behavior(行为)、Collaboration(协作)、Discipline(纪律)。企业可以循序渐进地建立数据驱动文化,使数据真正成为贯穿全局的核心力量。阿里巴巴的数据驱动文化是一个成功的实践案例。

- "数智跃迁金字塔"不仅是一个理论模型,更是一条具有实操价值的转型路径。从亚马逊到金蝶国际,这些企业通过实践证明:从"数字"到"数质",再到"数智"的演进过程,不仅能重塑企业竞争力,还能在全球化的浪潮中把握先机。

- 企业出海面对不同的目标市场可以采用不同类型的数字化工具组合实现增长,这"七种武器"包括社交媒体、直播、SEO与SEM、数字广告、电商平台与独立站、KOL与达人营销及在线会议。

- Temu通过其独特的O2O模式,将线上与线下优势完美融合,在北美实现了一体化经营。其成功充分体现了数智力的关键作用。

- 从市场洞察到营销优化,从供应链管理到组织调整,人工智能正在全方位重塑出海企业的运营模式。

- 面对人工智能时代的出海挑战,企业必须构建数智力文化,培养每一位出海人员成为"国际数智人"。

第七章

## 合规力修炼：出海的基本盘是合规

在全球化的商业环境中，合规不仅是企业出海的必然要求，更是企业迈向国际市场的核心竞争力之一。面对各国日益复杂的法律法规、道德规范和社会责任要求，企业不仅需要具备全面的合规意识，还需建立系统的合规管理体系，以避免风险、提升信誉。修炼合规力，不仅在于遵守规则，更在于构建以责任为核心的企业文化，尊重流程的规范性，拥抱数字化的合规创新，并积极承担企业公民的社会责任。唯有如此，企业才能在跨文化的全球市场中游刃有余，实现可持续发展的同时，赢得长远的信任与尊重。

对于每一家企业来说，合规是管理中的必选项，而非可选项。在大出海的时代背景下，中国企业尤其需要以国际化的合规标准要求自己，并通过系统的评估持续优化合规能力。

对于企业公民而言，合规不仅是法律法规的"硬性约束"，更是企业价值观和社会责任的具体体现。面对全球各地复杂多变的合规要求，企业必须具备全面的风险识别能力和高效的应对策略，以确保业务的可持续发展，得到市场的长期信任。合规力就像企业发展的"安全网"，在保护企业免受风险侵害的同时，也为企业的品牌赢得全球市场的尊重与信赖。更重要的是，合规力不仅关系到企业自身的发展，还关乎国家形象与影响力。

在提升合规力的过程中，企业需要从建立健全的合规体系入手。这不仅包括严格遵循法律法规，还涉及流程优化、责任落实以及员工合规意识的全面提升。与此同时，数字化工具的兴起正在为企业的合规管理带来变革。通过应用人工智能、大数据分析和自动化流程，企业能够更高效地识别和应对潜在风险，从而提升全球运营中的合规效率。

合规力的意义不止于风险管理，更在于彰显企业对文化多样性、伦理道德以及可持续发展的尊重。在全球市场中，那些能够以合规为基础，与不同文化、不同市场建立信任的企业，往往能更快地赢得消费者和合作伙伴的认可。

同时，合规力的构建不仅是管理者的责任，更是出海企业每一名员工的义务。员工的责任意识和合规行为直接关系到企业在国际市场中的声誉与表现。合规力的提升，不仅需要企业在战略层面设定清晰的方向，也需要每位员工在行动中将合规理念付诸实践。

通过本章的探讨，我们将深入分析合规力在企业出海中的重要性，并揭示如何通过创新与文化融合构建全球化时代的合规优势，为企业赢得未来市场奠定坚实的基础。希望通过这些探讨，为企业出海提供具体的实施路径与实践参考。

## 出海管理法则的第一条：合规先行

在跨国企业工作的 20 年里，无论是作为员工还是管理者，我每年都会收到总部发来的邮件，提醒我们完成"企业行为准则"（Code of Conduct）的学习和签署。这项要求不仅关系到员工的个人合规记录，还直接影响部门的绩效考核。如果未能按时完成，个人账号可能会被暂停使用，甚至影响工作进程，严重的会导致被动离职。

随着数字化的推进，合规培训已不再局限于传统的法律法规，还涵盖数据隐私、跨境贸易、环保标准等更广泛的领域。对于所有的跨国企业而言，合规不仅是形式上的要求，更是企业全球运营的基石。

然而，国内部分企业对复杂的合规流程仍持有疑虑，认为这些流程费时、影响效率、干涉经营。然而，事实表明，忽视合规很可能会给企业带来隐患，其结果不仅可能导致重大的经济损失，还会损害企业声誉，乃至失去全球市场的信任。

在企业全球化发展的过程中，优异的业绩、卓越的产品和杰出的人才固然关键，但合规才是最根本的"底线"。如果说业绩和产品是"1"后面的"0"，那么合规就是这个"1"。一旦失去这个"1"，所有的努力都将失去意义。

# 第七章 合规力修炼：出海的基本盘是合规

在跨国经营中，合规性始终是企业生存和发展的基石。即便是那些拥有成熟管理体系和丰富全球运营经验的跨国公司，也可能因忽视合规而承受巨大损失。例如，霍尼韦尔公司（Honeywell）曾因违反《反海外腐败法》（FCPA）而陷入严重的法律和声誉危机。

### 案例1：霍尼韦尔行贿事件

2022年，霍尼韦尔公司被发现通过其子公司在巴西和阿尔及利亚进行行贿行为，遭到美国司法部和证监会的调查。霍尼韦尔向巴西国家石油公司（Petrobras）的高级官员支付了大约400万美元，以获得价值4.25亿美元的合同；同时，其比利时子公司向阿尔及利亚国有石油公司Sonatrach的官员支付了超过7.5万美元的贿赂。

最终，霍尼韦尔承认了相关指控，并支付了1.6亿美元的罚款，包括美国和巴西司法部门的处罚，以及提交给SEC（美国证券交易委员会）的和解金额。此外，公司还被要求在未来三年内全面整改其合规体系，加强内部控制和第三方风险管理。

这一事件清楚地表明，即使是大型世界级的跨国公司，在应对复杂多变的国际市场时，也可能因忽视合规而面临巨额罚款和声誉损害。这不仅影响了其全球业务布局，还增加了未来发展的监管难度。

与跨国公司相比，一些中国企业在出海过程中面临更大的合规挑战。特别是在知识产权保护、反垄断法规以及数据隐私法案等方面，许多出海企业尚未建立完善的合规体系。以下是一个典型案例。

### 案例2：一家中国科技企业在日本市场的专利纠纷

在过去5年间，某国内大型IT企业R公司拓展海外并进入日本市场，向日本企业客户销售其路由器产品。然而，2023年，R公司的路由器产品被一家当地企业指控抄袭其日本专利技术。

经日本地方法院审理，R公司侵犯知识产权的行为被认定成立，被判支付1000万日元的赔偿金，并需缴纳罚款。这一罚款对R公司造成了一定的财务负担，增加了运营成本。这导致该企业在海外市场尚未实现盈利和成功，却已承受重大损失。同时，由于诉讼事件的影响，R公司的品牌声誉受到了严重损害，这也导致一些当地客户取消了已经下达的订单。

这个案例提醒我们，合规管理不仅是法律要求，更是企业保护自身利益、赢得国际市场信任的关键。特别是对于出海企业，面对不同国家和地区的法律体系、文化差异和市场规则，稍有不慎就可能面临严峻的处罚和声誉危机。

合规不仅是大型跨国企业的责任，也是所有出海企业的必修课。它贯穿于企业从市场准入到产品销售的每个环节。中国企业要想在全球舞台站稳脚跟，必须建立完善的合规体系，从业务流程到员工意识全面提升，确保每一步都经得起法律和市场的考验。

## 合规无小事，责任贯全球

在华东地区的一次企业交流会上，一位企业家感慨地说："走出国门后，才发现到处都是陷阱，我们面临的问题实在太多了！"

我理解他的困惑，但我认为，出海不仅是市场机遇的探索，更是企业修炼的一个重要阶段。正如约翰·洛克菲勒（John D. Rockefeller）所言："法律不是企业的障碍，而是企业繁荣的基石。"我国著名企业家海尔的张瑞敏也曾说过："在全球化的竞争中，合规不仅是生存的底线，更是赢得全球市场的关键。"

在全球化的浪潮中，合规不仅是企业的"底线"，更是其长远发展的"护航员"。要想打造一家基业长青的百年老店，企业必须在合规的框架内运营，严格遵守当地的法律法规。只有这样，企业才能避开各种陷阱，抓住机遇，实现稳步发展。

在跨国运营和国际市场营销的过程中，企业所面临的法律和合规问题极为复杂，涉及反贿赂、反腐败、利益冲突以及反垄断和进出口管制等多个层面。公司就像一个人的身体，健康是其生存发展的基础。同时，合规不仅关系到企业自身，还影响着合作伙伴，乃至整个企业生态环境的选择与管理。

对于出海企业来说，以下是需要特别关注的几个合规领域。

**1. 遵守目标市场所在地的反贿赂和反腐败法律**

在全球商业活动中，礼尚往来和商务娱乐通常被视为促进合作的方式。然而，这些行为必须严格遵守当地法律，确保不触犯反贿赂和反腐败的法律底线。

许多跨国公司会设定赠送礼品的金额上限，比如规定礼品的市值不得超过100美元。此外，有些公司甚至只允许赠送带有公司logo（标志）的专有礼品给客户。

特别需要提醒的是，如果企业的客户包括政府部门和国有企业，除非在特殊情况下并经过法律部门的特别批准，否则企业不得向政府官员或国有企业的员工赠送任何有价值的物品。

大型跨国企业在海外经营中遭遇反腐败法律问题的案例屡见不鲜。例如，2010年，全球零售巨头沃尔玛因在墨西哥的腐败案件而面临重大法律制裁，原因在于其未能有效监督当地管理层的贿赂行为。沃尔玛最终不得不支付27亿美元的罚款，重新审核并强化了全球的反腐政策和内部审计机制。这一事件不仅给沃尔玛带来了巨大的经济损失，还严重损害了其全球声誉。

**2. 谨防利益冲突**

利益冲突常常是管理中最具挑战性的问题之一。企业应当通过明确的政策和机制，确保员工在出现个人利益与公司利益冲突时，能够自觉回避，避免决策受到偏见影响。

一个典型案例是，GE（通用电气）在全球扩张过程中，建立了严格的利益冲突管理机制，要求员工申报任何可能影响公司公正性的私人关系。在一场全球供应商招标中，GE 的一位高级经理因与潜在供应商的亲属关系，主动回避了招标决策，确保了流程的透明与公正。此举不仅提高了 GE 的管理水平，也为其他企业树立了典范。

出海企业无论在哪个国家的分支机构，都必须恪守利益冲突原则。例如，张先生担任 B 公司新加坡分公司的市场营销经理。B 公司最近开始通过公开招标选择当地一家合适的数字营销供应商，目前已有四家候选公司。其中一家名为 C 传媒的公司，其负责人李小姐是张先生的远亲。在这种情况下，张先生及时向 B 公司的直属上级和合规部门报告了这一情况。根据公司的利益冲突回避原则，张先生决定在此次招标过程中回避，不参与与 C 传媒公司相关的任何评估和决策。B 公司的合规部门对此情况进行了记录，并安排其他无利益冲突的员工继续负责招标评选工作。

这种处理方式不仅维护了招标过程的公正性和透明度，也体现了公司在利益冲突管理方面的严谨态度。企业应鼓励员工在类似情况下采取相同的做法，确保所有决策都是基于企业利益最大而非个人关系。

### 3. 反垄断与不正当竞争

在全球竞争激烈的市场中，反垄断和不正当竞争的合规尤为重要。企业必须避免通过价格操控、串通投标等不正当手段获取市场份额，否则将面临巨额罚款和名誉损害。

例如，欧盟曾对谷歌开出创纪录的 24 亿欧元罚单，原因是谷歌利用其市场主导地位不正当影响搜索广告业务。这一事件凸显了反垄断法在全球市场中的重要性，也提醒企业在全球扩展业务时必须审慎处理与竞争对手的合作关系。

## 4. 进出口中的管制

在跨国贸易中，合规性不仅意味着遵守贸易法规，还涉及出口管制和国际制裁，特别是对高科技产品企业而言。美国的"长臂管辖"政策使得即使非美国企业也可能受到美国法律的约束。例如，美国对某些国家和地区（如古巴、伊朗、朝鲜、苏丹、叙利亚和克里米亚）实施严格的出口管制和经济制裁。如果在美国上市的企业与受限制的国家或最终用户进行业务往来，即使是通信、电子邮件等形式的沟通，也可能引发不必要的麻烦。

2018年，某企业因违反美国出口管制政策（向受制裁国家销售含美国技术的设备）而受到严厉制裁。美国政府对其施加了长达数月的出口禁令，导致其无法获取关键芯片和技术支持，几乎陷入停摆。最终，企业支付了巨额罚款，并采取了全面整改措施，包括建立合规部门和强化企业文化建设。

此案例表明，在全球企业面临的复杂国际贸易环境中，严格遵守出口管制政策是确保供应链稳定与业务可持续发展的关键。

近年来，美国对中国实施的不公平贸易制裁导致了全球供应链多次出现严重的断裂和不确定性。其中，芯片行业受到的冲击最为显著。由于美国政府对中国企业实施了严格的出口管制，一些关键芯片和半导体设备的供应受到限制，这不仅给中国企业带来了巨大的压力，也使得全球范围内的相关企业不得不应对供应链调整和成本上升的挑战。

这一系列事件凸显了国际贸易环境的日益复杂性。在全球化背景下，企业必须时刻关注政策变化，评估潜在的合规风险。为了确保业务的连续性和稳定性，企业需要通过多元化采购、提升本地化能力和加强技术自研等策略，降低对单一市场或单一技术来源的依赖。

**5. 机密信息的保护**

在全球化经营中，企业保护机密信息是合规的重要组成部分。包括财务数据、技术资料、内部人员信息、客户名单等敏感信息，都必须通过严格的保密措施加以保护，防止泄露给竞争对手或不相关的第三方。

例如，苹果公司对其产品的保密工作一直非常严格。每年新产品发布前，苹果都会要求员工签署保密协议、对供应链实施审查等。这不仅有助于保护企业的技术优势，也维护了品牌的市场竞争力。

作为全球领先的无人机制造商，大疆创新对其研发和生产过程实施了高度严格的保密管理。大疆要求参与新产品开发的员工签署多层保密协议，甚至对某些关键技术模块进行分段研发，以降低信息外泄的风险。此外，大疆创新对供应链合作伙伴进行严格筛选，确保其符合保密要求。这种管理模式不仅保障了大疆创新的技术优势，也提升了其在国际市场上的竞争力和品牌声誉。

正如管理大师吉姆·柯林斯在《从优秀到卓越》一书中所强调的："伟大的公司不仅追求卓越表现，更致力于为公司和社会带来长远的可持续发展。"出海企业在遵守合规规定的过程中，不仅是在保护自身，更是在为可持续发展奠定基础。修炼合规力，是企业走向全球的必经之路，也是赢得全球市场信任与尊重的关键。

## 以人为本的合规文化

在跨国企业中，合规文化不仅是规章制度的执行，更是企业核心价值观的体现。面对国际市场中多样化的员工背景和复杂的法律环境，以人为本的合规文化始终强调尊重员工的尊严和包容多元文化。正如企业管理理论所揭示，文化的影响力往往超越制度本身，它塑造了企业在全球范围内的行为规范和道德底线。因此，打造合规文化需在"制度"与"人文"之间找到平衡，满足法律要求的同时赢得员工的信任和市场的认可。

接下来，我们将从多元化管理、反骚扰举措、安全保障等几个方面具体探讨"以人为本"的合规实践。

**拥抱多元化，反对歧视行为**

多样性和包容性对于构建企业合规文化至关重要。在负责NetApp亚太区工作时，我深刻体会到团队多样性的重要性。我的上司出生于斯里兰卡，成长于澳大利亚，后迁至新加坡工作，是一位典型的多文化融合高管。我的团队成员来自新加坡、日本、韩国、印度、毛里求斯、法国等地，尽管我们血统、语言和文化背景各异，但在一个开放和包容的环境中，我们不仅建立了高效的协作关系，还结下了深厚的友谊。公司实行的"文化大使"计划，每月安排员工分享各自地区的文化传统，这不仅增进了我们之间的相互理解，还将文化多样性转化为公司的独特优势。每个人的背景、文化及知识的互补性让国际营销管理体系更趋完美。

一些中国企业在海外扩张时倾向于在当地组建主要由中国人组成的团队，甚至从国内派遣整个团队。然而，从提升工作效率、管理地方市场、建立客户关系以及促进文化融合的角度来看，要真正融入目标市场，需要吸纳更多当地员工。这样，才能构建出一个具有竞争力的跨国公司的本地化团队。

性别平等则是包容文化的另一重要体现。花旗中国通过推动中高层性别比例达到50/50，为企业设立了性别平等的标杆。诸如德勤全球的"包容性领导力"计划，则在培养管理者多元文化包容能力方面成效显著，深得员工认可。

同时，企业以尊重为原则，通过举办不同主题的活动和讨论，支持各类少数群体。在应对歧视行为时，企业提供清晰的流程和指引，确保员工感受到公平与安全。这种多样化的努力不仅可以体现对个体尊严的尊重，也可以从根本上强化企业的合规文化。

正如《庄子·秋水》中所说："以道观之，物无贵贱。"这一哲学思想跨越时空，提醒我们在差异中寻找平等和共通之处。企业在包容性文化的构建中，应始终以人为本，让每个员工的独特价值成为合规文化的一部分。

**构建无骚扰环境：企业合规的基石**

企业建立合规文化，不仅要坚决反对歧视，还需构建零容忍的反骚扰机制。针对性骚扰、语言骚扰和职场霸凌等不当行为，企业应制定明确政策，并采取严厉的惩治措施。以微软公司为例，在处理性骚扰指控时，公司成立了专门的调查团队，并实施了清晰的报告与问责机制。微软对骚扰行为持零容忍态度，通过定期员工培训、匿名反馈机制以及公开透明的处分流程，确保员工在无恐惧的工作环境中，能够及时举报不当行为。此外，微软还为受害者提供员工支持系统，包括心理支持和法律援助。

企业可采取多种措施，积极预防骚扰行为的发生。例如，制定"行为准则宣言"，明确公司尊重、平等和职业道德的核心原则。每年的合规性培训应包括识别和应对骚扰的情景模拟，以增强员工的意识与应对能力。

卓越的企业文化还应重视员工的心理健康。例如，Adobe 公司设立了员工援助计划（EAP），提供免费的心理咨询和法律支持，帮助员工应对骚扰等问题的困扰。这种支持体系不仅让员工感受到尊重与关怀，也是企业合规文化的重要体现。

无骚扰的环境是企业健康发展的基石。反骚扰不仅是规则约束，更是企业人性化管理的重要标志。

## 以安全为本：全球企业的责任

对正常运营的企业而言，提供安全、健康、可靠的工作环境是基本要求。在全球化运营的背景下，企业面临的安全挑战各异，特别是在非洲一些基础设施薄弱的地区。例如，一些企业需为员工配备发电机以应对电力不足，或建设医疗设施以应对突发健康问题。在发达国家，毒品和违禁药品的管理也需特别关注。跨国企业通常明确禁止员工在工作时间或工作场所使用或分发违禁药物，确保工作场所的安全性和职业性。此外，在枪支泛滥的国家，企业须制定应急预案，提升员工的危机应对能力。

2017年，NetApp原计划在美国拉斯维加斯的曼德勒海湾酒店（Mandalay Bay）举办年度全球创新论坛。10月1日突然发生的枪击事件为活动增添了诸多不确定因素。公司迅速启动危机应对机制，确认员工及受邀客户的安全，并积极处理后续事宜。尽管事件严重，论坛仍按计划进行。公司向遇难者捐款，并通过全球公告体现了企业的责任和价值观。

这一案例凸显了完善的合规体系与安全管理的重要性。企业不仅需具备迅速应对危机的能力，更应建立以人为本的文化，将员工与客户的安全置于首位。这不仅是合规的核心，更是全球化企业赢得信任的关键。

## 裁员合规：法律与人性化的平衡

跨国企业在全球化运营中，裁员不仅是战略调整的一部分，还涉及复杂的法律、文化和道德考量。由于不同国家的劳动法存在差异，管理者和人力资源部门在执行裁员时必须与法务部门紧密合作，确保符合当地法律，并尊重员工的尊严。

裁员流程应严格遵循各地的法律要求，特别是在提前通知、补偿和福利安排方面。此外，企业还需考虑文化敏感性及员工心理，避免性别、年龄、种族等因素导致的不公平对待。在裁员过程中，企业除了需要确保法律合规，还应注重与员工的透明沟通和人性化关怀，使裁员既合法又能让员工感受到尊重和必要的支持。

这种合规文化不仅有助于降低法律风险，还能在员工和社会中塑造企业负责任的形象，做到平衡法律合规与文化差异，充分体现人性化管理和社会责任感。

"以人为本的合规文化"是合规管理的核心，它不仅关乎制度的制定和执行，更在于如何通过协同创新与责任共担，打造与全球合作伙伴共同发展的合规生态。唯有将合规融入企业文化，平衡制度与人性的需求，企业才能在复杂的国际环境中稳步前行，为构建长远的生态合规奠定坚实基础。

为此，企业可以探索系统化的合规方法，以应对复杂的国际环境。接下来，我们将通过两家具有代表性的企业案例，探讨如何构建稳健的生态合规体系，实现全球市场的可持续发展。

## 用"3C 法则"构建生态合规：苹果与大疆创新的成功之道

在现代企业生态链中，研发、制造、市场营销和供应链管理的各个环节离不开上下游合作伙伴的支持，如供应商、分销商和代理商等。这些合作伙伴不仅是企业业务的延伸，更反映出企业在整个生态系统中的地位与责任。

企业的运营必须遵循其核心价值观、法律法规、行业准则和公司政策。而跨国公司的合作伙伴、服务提供商、客户、供应商和承包商也应当遵循相同的道德和法律标准，以保证双方业务的合规与顺利进行。

为了构建稳健的生态合规体系，企业可遵循"3C"法则：Consistency（标准统一）、Control（科技赋能）和 Collaboration（文化共建）。这一法则能帮助企业更好地与全球合作伙伴合作，确保合规操作与道德规范。

## 1.Consistency（标准统一）

企业应确保所有合作伙伴遵守统一的合规标准，从原材料采购到产品销售的每个环节都应遵循法律法规和道德规范。对于所有跨国企业而言，制定明确的供应商行为规范是建立长期信任关系的基础。

## 2.Control（科技赋能）

随着技术的进步，从 RFID、区块链到物联网等技术的逐步成熟，跨国企业能够借助数字化手段提高供应链的透明度，确保原材料来源和生产条件的可追溯性。通过利用技术手段来监控和记录供应链每个环节的合规性，可以保证数据和信息不被篡改，从而提高合规性。

## 3.Collaboration（文化共建）

跨国企业应通过文化交流和培训，帮助合作伙伴理解和融入企业的核心价值观。在与海外合作伙伴的合作中，企业不仅要关注技术和隐私保护，还可以通过不同类型的交流和技能培训来加强文化共识，确保双方在业务拓展过程中保持价值观的一致性。

### 苹果的"3C"管理实践

苹果公司通过其《供应商行为准则》为全球供应链制定了严格的合规要求，涵盖劳工权益、环保和道德经营等方面。苹果每年对其供应商进行审计，并通过"绿色制造"计划，推动供应商减少碳排放并采用可再生能源。例如，苹果协助一家亚洲供应商完成了从传统能源向太阳能的转型，这不仅降低了对环境的影响，还显著提升了供应链的效率。这些举措使苹果的产品更具市场竞争力,同时赢得了消费者的信任。

除了《供应商行为准则》,苹果还通过定期举办全球供应链高峰会议,向合作伙伴传递其核心价值观和最新要求。此外,其合规标准并非静态,而是根据行业趋势与法律变化进行动态更新,确保标准的时效性和前瞻性。

苹果结合RFID、区块链与物联网技术,实现从矿产到产品的全生命周期追踪。例如,其"原材料追踪项目"利用区块链确保采购的钴矿来源合法且符合环保要求,保护人权并避免使用冲突矿产。

苹果不仅提供培训,还通过联合项目与供应商共建环保工厂。例如,其与富士康合作的"太阳能转换计划",直接降低了生产过程的碳足迹,并引入了绿色生产流程认证,为其他供应商树立了标杆。

### 大疆创新的"3C"管理实践

作为无人机行业的领军企业,大疆创新在全球市场上极为重视生态合规。面对复杂的国际市场环境,大疆创新对其合作伙伴设定了明确的合规要求,包括了出口管制、隐私保护和知识产权遵守等诸多方面。

大疆创新通过制定全面的《合作伙伴合规承诺书》,确保合作伙伴从采购到分销的所有环节遵守法律法规和行业准则。尤其在欧洲市场,依据《通用数据保护条例》(GDPR),大疆创新强化了对数据隐私保护的合规性要求,为合作伙伴提供清晰的操作指引,并设立合规评估体系,每年进行审查更新。

大疆创新在技术管理方面取得了显著成就,开发了基于区块链的供应链透明化平台,该平台能够记录关键组件的来源、运输和加工信息。这一系统增强了产品追溯能力,确保无人机核心部件符合安全、环保及隐私合规要求。此外,大疆创新利用物联网技术实时监控生产和运输过程，以便及时发现潜在风险，从而降低违规的可能性。

大疆创新致力于加强与分销商的文化交流与对接，通过举办合规培训、技术研讨会和本地化支持活动，帮助合作伙伴深入理解大疆的核心价值观。例如，在欧洲市场，大疆创新与当地分销商合作制订针对隐私保护和技术共享的联合计划，确保双方在客户服务和市场推广方面保持一致，从而建立长期的合作信任关系。

通过实施"3C"法则，企业不仅能够显著提升自身的合规管理能力，还能与全球合作伙伴共同推动合规文化的落实。这种合作不仅增强了企业在全球市场中的信誉和影响力，还为构建更健康、更可持续的商业生态系统奠定了基础。在此过程中，规范与文化的融合至关重要。为了真正坚守合规底线，企业需要进一步尊重并优化流程，从内部机制到外部合作，确保所有环节的合法性和高效性。

## 尊重流程：守住合规底线的关键

在众多跨国公司中，员工常将合规视为法务部门的职责。然而，企业合规并非仅是某个部门的责任，而是每位员工应承担的义务。正如彼得·德鲁克所言："管理是一种纪律，其核心在于责任。"只有全体员工严格遵守流程，企业方能实现规范化运营，确保在复杂的全球环境中稳健前行。

例如，市场营销工作通常涉及大量资金投入，财务流程则是确保资金合理使用和企业利益的基础。曾有一次，我发现某国家的市场经理在未提交采购订单（PO）的情况下，直接要求一家数字营销代理公司启动在线活动。该代理公司负责人具有较强的合规意识，通过邮件向我询问此事。我立即警告了该市场经理，并在周例会上再次强调了"无采购订单，不启动工作"（No PO, No Work）的原则。

采购订单不仅是保护供应商权益的基本措施，更是公司财务流程的核心环节。忽视这一流程可能导致内部混乱，甚至引发法律和合规风险。古人云："勿以善小而不为，勿以恶小而为之。"跨国营销人员更应重视这些看似微小的流程要求，以维护企业合规的底线。

在筹备全球市场活动时，我们通常会邀请来自不同国家的重要客户、合作伙伴、媒体和分析师。在此过程中，严格的客户名单审核至关重要。例如，我们明确规定，不得为某些政府客户或国有企业客户支付任何费用，以遵守国际反贿赂法。

这一要求在国内市场营销者眼中可能显得烦琐且死板，但在国际业务中，它是确保企业合法经营的必要措施。尽管流程复杂，但其重要性不容忽视。在企业管理实践中，规则的存在是服务于人，而不是束缚人。

在品牌推广中，处理"灰色地带"常常是一大挑战。例如，香港分公司的合作联盟部门曾希望通过云计算公司 A 的交易平台推广我们的产品，并在其网站上放置我方公司的 logo。尽管从营销角度看，这是一个极具价值的机会，但由于 A 公司并非我们的全球正式签约合作伙伴，此事涉及品牌识别使用的合规性问题。

我建议合作联盟部门经理召集法务和品牌部门开会探讨。我在会上指出，从法律角度看，该操作并不违规，而从营销角度，它对业务有显著的促进作用。在亚太区的营销负责人和法务的共同支持下，总部品牌部门最终批准了这一"例外的"合作，实现了双赢的局面。

《聪明的谈判者》的作者罗杰·费希尔（Roger Fisher）说过一句话："成功的协作是理解每一方需求并共同达成双赢的方案。"在尊重公司流程的基础上，经过充分沟通和深思熟虑，我们不仅规避了风险，也为业务拓展奠定了坚实的基础。

在跨国企业中，合规不仅是对法律要求的遵循，更是一种风险管理的艺术。它要求员工在具备市场洞察力的同时，深入理解法律和合规的界限,能够在"潜在机会"与"潜在风险"之间找到最佳平衡点。

流程的存在,并非为了限制创新,而是为了确保创新在安全的环境中进行。正如彼得·德鲁克所言:"效率是正确地做事,而效能是做正确的事。"流程的作用在于确保企业在合法合规的基础上,作出既高效又正确的运营决策。

在变化莫测的国际市场中,尊重流程并不意味着墨守成规,而是为创新奠定坚实的基础。特别是在数字化时代,合规的界限与技术创新紧密相连。如何在快速发展的数字化环境中平衡合规与效率,是企业接下来需要深入研究的课题。

## 从规避风险到创造价值:数字化合规之路

2024年5月初,国内某企业的一位高管在社交平台发布了四条短视频,内容主要围绕"职业女性"和"公关日常"等话题,如"员工闹分手提离职我秒批"和"谁挣钱谁买单"等。这些视频引发了广泛的争议和抵制,最终导致该企业市值损失约60亿元,这位高管随后辞职。

类似事件在国外也时有发生。2018年,H&M在其官网发布了一张非洲裔男童模特穿着写有"Coolest Monkey in the Jungle"(丛林中最酷的猴子)字样的连帽衫的照片。这一广告被普遍视为具有种族歧视色彩,引起了全球范围内的强烈反响。社交媒体上掀起了抗议浪潮,一些门店甚至遭到了破坏。尽管H&M迅速撤下广告并进行道歉,但品牌形象受到了严重损害,市场份额也受到了影响。

这些事件清楚地表明,在社交媒体时代,企业的任何不妥言论或内容都可能迅速被放大,甚至演变成全球性的公关危机。特别是对于跨国公司来说,它们不仅要关注本地市场的文化敏感性,还必须建立全球视角的合规管理体系,以预防此类风险。

## 社交媒体时代的合规管理策略

在《影响力修炼》一章中，我们讨论了"6R"声誉管理方法论，强调了通过六个核心步骤系统性地提升企业声誉。然而，随着社交媒体的快速普及，声誉管理面临更复杂的情境和即时性的挑战。企业在享有前所未有的沟通自由的同时，也必须面对合规风险的显著增加。特别是在多元文化背景下的全球市场运营中，稍有不慎就可能导致品牌形象严重受损。

为了降低潜在的数字化传播风险，以下五大策略至关重要。

### 明确的发言授权机制

确保只有经过专业培训的授权人员才能对外发言，这一点非常重要。未经授权的员工在涉及争议性话题时的表态可能带来不可预测的后果。例如，明确界定在公众场合和社交媒体上的言论权限及内容范围，有助于减少误解和降低负面影响。

### 实时监控与反馈机制

建立全球性的社交媒体监控系统，能够迅速察觉潜在的舆情风险。例如，利用人工智能工具追踪品牌提及和进行情绪分析，有助于企业及时发现并处理问题，并制定相应的应对策略。这种系统性的监控和快速响应是数字化时代品牌管理的关键。

### 文化敏感性培训

社交媒体内容因其传播速度快、覆盖范围广，文化背景的敏感性变得尤为重要。企业应定期为员工提供文化敏感性培训，帮助他们了解不同市场的文化习俗和禁忌，以避免无意中引发误解。例如，在广告或社交内容中应避免使用可能引起种族、性别或宗教争议的词汇或象征。

**跨部门协作**

社交媒体的管理需要市场、法务、公关、品牌等多个部门的共同参与。单一部门难以全面掌握所有合规风险，因此，高效协作是制定科学、严谨合规流程的关键。例如，法务部门负责确保发布内容符合当地法律法规，而市场部门则提供对当地受众的深入了解。

**危机应对预案**

预案是危机管理的关键，必须在危机发生之前制定并定期进行演练。企业需要明确危机的分级、主要责任人、沟通渠道以及外部发言策略。例如，针对不同程度的危机，制订相应的应对计划，并迅速执行，以防止危机进一步恶化。

借助这五大策略，企业不仅能够有效降低合规风险，还能增强在复杂国际环境中的管理能力和提升市场信任度。

## 数据合规：数字化时代的另一个重要命题

如果说社交媒体的合规是外部沟通的挑战，那么数据与隐私的合规则是数字化转型中的核心议题。随着个人数据成为重要的商业资产，企业需要在收集、存储和使用数据的过程中，遵守各国法律法规，以保障用户的隐私安全。

以《通用数据保护条例》为例，这项自2018年起生效的法规对数据保护设定了严格标准，涵盖了合法性、透明性、数据最小化、目的限制和安全保障等多个方面。违反《通用数据保护条例》的后果极为严重，不仅可能面临巨额罚款，还可能对企业信誉造成长期伤害。

在亚太地区，数据隐私法规的制定相对滞后且不同国家之间存在显著差异。这要求跨国企业在制定全球数据策略时，充分考虑各个市场的独特性，并制定相应的合规方案。例如，在澳大利亚，《隐私法案》（Privacy Act）突出了透明性和用户同意的重要性；在印度，《数字个人数据保护法案》（Digital Personal Data Protection Bill）在2023年8月获得通过，对数据的本地存储和跨境传输提出了更高的要求。

在全球化运营中，出海企业不仅需要了解目标市场的法规要求，还需充分掌握并遵守中国自身的数据与隐私保护法规，以确保数据的跨境流动合规性。例如，中国的《个人信息保护法》（PIPL）对数据跨境传输提出了严格的安全评估要求，这对出海企业来说同样至关重要。

为了帮助企业更好地理解全球主要市场的数据隐私法规，表7-1总结了各国或地区的主要法律要求、核心条款以及对出海企业的影响，以提供清晰的参考框架。

表7-1 全球主要国家和地区的数据隐私法规

| 国家/地区 | 主要法规 | 核心要求 | 对中国企业的影响 |
| --- | --- | --- | --- |
| 欧洲 | 《通用数据保护条例》（GDPR） | - 合法、公正、透明性原则<br>- 数据最小化<br>- 数据主体权利（删除、访问、纠正等）<br>- 严格的跨境数据传输限制 | - 若违反规定，可能面临高额罚款（最高为全球年营业额的4%）<br>- 跨境数据传输需确保第三方国家的等效数据保护水平 |
| 美国 | 各州隐私法（如加州CCPA） | - 数据收集须获得用户明确同意<br>- 提供用户删除或拒绝数据交易的权利<br>- 数据泄露事件需通知受影响的用户 | - 缺乏统一联邦法律，需分别满足不同州的法规要求<br>- 营销和数据分析需确保透明性，以避免被视为侵犯用户隐私 |
| 澳大利亚 | 《隐私法案》（Privacy Act） | - 数据收集和使用需透明化<br>- 强调用户数据控制权<br>- 数据泄露需及时上报并采取补救措施 | - 数据透明度要求较高，企业需要优化隐私政策和用户告知机制<br>- 对本地化数据保护技术提出更高要求 |

续表

| 国家/地区 | 主要法规 | 核心要求 | 对中国企业的影响 |
| --- | --- | --- | --- |
| 新加坡 | 《个人数据保护法》（PDPA） | – 收集和使用个人数据需获得用户同意<br>– 限制数据的使用范围<br>– 数据需安全存储，并提供数据泄露管理程序 | – 市场对数据保护的要求相对较高，但执行力度较为平衡<br>– 对数据安全和隐私告知流程的优化是进入市场的关键 |
| 日本 | 《个人信息保护法》（APPI） | – 数据需以透明、公平的方式收集和使用<br>– 明确跨境数据传输的条件<br>– 数据主体享有知情权和访问权 | – 对外部数据存储和分析工具的合规性要求更高<br>– 中国企业需关注多语言合规政策以满足日本市场对透明度的需求 |
| 印度 | 《数字个人数据保护法案》（DPDP Bill） | – 强调数据本地存储<br>– 数据收集需明确目的<br>– 用户有权撤回同意<br>– 跨境传输需要政府批准 | – 数据本地化要求提高了技术基础设施成本<br>– 营销活动需更精准地遵守隐私保护规范，确保数据用途合法化 |
| 巴西 | 《巴西一般数据保护法》（LGPD） | – 数据收集需有合法目的<br>– 数据主体享有知情权和更正权<br>– 数据安全保护需符合国际标准 | – 市场法律与GDPR相似，便于已在欧洲运营的中国企业适配<br>– 数据泄露可能导致企业声誉受损或被罚款 |
| 中国 | 《个人信息保护法》（PIPL） | – 数据收集需最小化<br>– 需要用户明确授权<br>– 出境数据需通过安全评估或法律框架授权 | – 中国企业对数据出境需求高，需加强数据传输合规管理<br>– 对海外客户数据的存储和处理也需满足双边或多边数据保护协议 |

## 合规的价值：风险的规避与机会的创造

在数字化时代，合规管理已不再仅仅是被动遵守规则的行为，它已成为企业责任和竞争优势的象征。通过加强对数据隐私和社交媒体风险的管理，企业可以有效降低潜在危机的发生概率，并展现出对客户和社会的尊重与承诺。这种合规与责任意识不仅是企业稳健运营的基础，也是在全球市场中建立信任的关键。

信任的积累源于企业对社会的长期责任与承诺。企业社会责任是合规力修炼的重要组成部分，通过践行负责任的商业行为，企业不仅能确保合法合规，更能塑造积极的品牌形象，提升市场影响力。这种深思熟虑的责任实践，超越了法律要求的底线，成为企业赢得持久信任和实现可持续发展的关键动力。

## 全球化中的企业社会责任：合规的更高境界

一家卓越的企业，不仅致力于通过提供优质的产品和服务为客户创造价值，更展现出对股东、员工和社会的长期承诺，彰显其责任担当。企业坚持坦诚透明的原则，严格遵守法律法规，并在追求经济效益的同时，注重社会效益的平衡，这些都是企业责任的核心体现。

优秀的企业公民以实际行动服务于社会福祉。这体现在为员工提供安全健康的工作环境、遵守劳动法规、保障员工公平的福利与职业发展，同时构建包容多元的企业文化，坚决反对任何形式的歧视。这些切实的努力不仅体现了企业的责任感，更能为其赢得员工与社会的信任，助力企业可持续发展。

### 全球化合规与社会责任的融合

随着全球化的深入发展，企业在不同国家和地区的运营必须遵守多样化的法律法规。合规不仅是法律规定的义务，更是企业履行社会责任的重要组成部分。一些跨国公司通过将社会责任理念融入合规管理中，成功实现了法律与道德的双重目标。例如：

• 阿里巴巴集团积极推行"绿色物流"计划，通过菜鸟网络减少包装浪费，并在印度和印尼助力小企业实现数字化升级。

• 美的集团在巴西建立绿色工厂，重视降低能源消耗和资源浪费，并支持当地社区教育项目，为企业国际市场的可持续发展奠定基础。

- 字节跳动在东南亚设立教育基金，提供免费数字教育资源，帮助低收入群体提高知识水平。

以下是部分企业的社会责任实践总结（表7-2）。

表7-2 部分企业的社会责任实践

| 企业 | CSR领域 | 典型实践 | 范围 |
| --- | --- | --- | --- |
| 微软 | 环境保护、社区回馈 | 承诺碳负排放，通过人工智能技术帮助农业企业提高效率；捐赠软件支持教育 | 全球 |
| 联合利华 | 可持续供应链、环保 | 推行"零废弃"目标，确保产品供应链中的环境负担最小化 | 欧洲、非洲 |
| 阿里巴巴 | 数字普惠、社区回馈 | 推动"绿色物流"计划，通过菜鸟网络减少包装浪费；在印尼和印度帮助小企业完成数字化转型，提升生存能力 | 亚洲 |
| 字节跳动 | 教育支持、社区服务 | 在东南亚设立教育基金，提供免费的数字教育资源，帮助低收入群体获取知识 | 东南亚 |
| 海尔 | 绿色制造、社区服务 | 在非洲捐赠家电支持社区；在欧洲建立绿色生产基地，减少碳排放，推广节能产品 | 非洲、欧洲 |
| 美的集团 | 环境可持续、教育支持 | 在巴西设立绿色工厂，支持当地教育项目，促进技能提升和社区发展 | 巴西 |
| 宁德时代 | 绿色能源、全球合作 | 推动电动车电池回收计划，与全球汽车品牌合作减少碳排放 | 欧洲、北美 |
| 安克创新 | 可持续发展、创新设计 | 推广环保包装，在北美市场资助教育公益组织，减少电子废弃物 | 北美、欧洲 |
| 药明康德 | 健康支持、生命科学研究 | 在全球抗疫中提供支持性研发；为欠发达地区提供经济适用药品 | 全球 |

**践行 ESG 与可持续发展**

比尔·福特曾说过："我相信，一个好公司与一个伟大公司的区别在于：一个好公司能够为客户提供优质的产品和服务，而一个伟大的公司不仅能够为客户提供优质的产品和服务，还全力以赴让这个世界变得更加美好。"

企业社会责任的更高境界在于将 ESG（环境、社会和治理）理念全面融入企业经营，追求经济效益、环境保护和社会发展的平衡。这体现在：

• 环境责任（Environmental）：致力于实现碳中和目标，降低能源消耗和废弃物排放。

• 社会责任（Social）：营造多元化的工作环境，为社区提供支持性资源。

• 治理责任（Governance）：确保企业运营透明，遵守法规，并通过技术创新提升管理效率。

**联合利华：可持续发展战略的典范**

联合利华将可持续发展理念深深植入企业核心战略。其推行的"可持续生活计划"（Sustainable Living Plan）设定了远大目标：到 2030 年将碳足迹减少一半，并实现零废弃物填埋。为实现这些目标，公司在产品配方和生产流程上进行了深入优化，从而显著降低了水和能源的浪费。

在社会责任方面，联合利华积极推动包容性就业和女性赋权项目。例如，在发展中国家，公司为女性提供创业培训和资金支持，助力她们实现经济独立和促进社区发展。在治理层面，联合利华坚持透明度原则，定期发布 ESG 报告，并将可持续发展绩效与高管薪酬相结合，确保战略的有效执行。

这一系列举措为联合利华带来了商业上的成功和社会上的广泛认

可。数据显示,其"可持续生活品牌"(如多芬、清扬、力士等)为公司贡献了 75% 的增长,这些品牌的增长速度是其他产品线的两倍多。此外,联合利华连续多年被评选为全球最具可持续发展能力的企业之一。

**腾讯:社会价值创造的"三位一体"模式**

作为中国数字经济的领军企业,腾讯提出了"服务用户、产业和社会"的三位一体理念,致力于实现社会价值,并将其融入企业运营和创新的各个方面。

在用户服务方面,腾讯通过不断优化平台产品,如微信和 QQ,提升了数字化的便捷性和信息获取效率。在产业赋能方面,腾讯运用云计算、大数据和人工智能等技术,助力各行业数字化转型,如在智慧医疗、智能交通和绿色能源领域提供创新解决方案。此外,腾讯特别重视社会价值的创造,致力于可持续发展的公益实践。例如,其推出的"碳中和计划"承诺到 2030 年实现运营碳中和,并开展了面向弱势群体的数字公益项目,帮助乡村地区的儿童通过数字技术获得优质教育资源,实现教育公平。

通过"三位一体"模式,腾讯不仅在经济领域取得了巨大成功,也赢得了社会各界的广泛认可,为中国科技企业在全球市场树立了积极的社会责任标杆。

**GE:忽视 ESG 理念的警示**

成立于 1892 年的美国跨国企业集团 GE,业务范围涵盖电子工业、能源、航空航天、医疗和金融服务,业务遍及全球 100 多个国家和地区。

从 2008 年开始,GE 逐步暴露出与 ESG 理念相背离的问题,最终导致其深陷困境。GE 长期向哈德逊河倾倒有害物质的历史,引发了环保组织和公众的强烈批评,并导致巨额清理费用。盲目扩张的战略,如收购阿尔斯通(Alstom)电力部门,不仅未能实现预期的协同效应,反而增加了公司负担。在资本市场上,GE过度关注短期股东回报,忽视了长期的可持续发展,这进一步削弱了公司的核心竞争力。

这些问题使GE的财务表现迅速恶化,信用评级从AAA下降至BBB+,公司在《财富》全球500强中的排名下降超过100位。最终,GE董事会于2021年决定将公司拆分为能源、医疗和航空三部分,以应对持续的运营压力和战略挑战。

那些杰出的企业,如联合利华和腾讯,成功地将ESG和可持续发展理念融入其核心战略。这不仅为企业带来了显著的经济效益,还提升了它们在全球范围内的社会声誉。这一战略不仅是应对合规的必要条件,更是实现长期商业成功与社会进步的有效途径。

此外,不同规模的企业都能找到符合其资源和能力的实践方式。例如,中小企业可以通过数字化手段优化能源使用,或参与本地社区项目;大型企业则能通过全球化合作项目产生更深远的影响,如新能源开发、全球碳排放减少计划等。

企业社会责任不仅是企业合规的要求,更是提升国际影响力的重要手段。在全球化的背景下,企业需要通过卓越的社会责任实践,搭建信任与合作的桥梁,实现经济效益与社会效益的双赢。最终,只有那些将社会责任深植于企业文化和经营战略中的企业,才能在全球市场中真正脱颖而出。

对于中国出海企业来说,合规不仅是一项基本要求,更是建立全球信任、展示企业社会责任的重要途径。在全球化的背景下,遵守国际规则、尊重文化差异、平衡商业目标与社会责任的关系,已成为企业赢得长期成功的关键。

**高标准合规促进社会责任**

中国企业可以通过采用国际公认的合规标准（如 ISO、OECD 指南）来展现其责任感。例如，在环保领域，严格遵守当地的排放标准，不仅可以提升企业的市场信誉，还能为全球可持续发展做出贡献。

**以合规为基础深化本地化融合**

在目标市场中，中国企业通过履行当地法律法规的经营实践，例如实施公平劳动政策和支持社区贡献项目，展现对所在国文化和法律的尊重，从而加强企业与当地利益相关者的关系。

**合规与创新的结合**

中国企业将社会责任目标与合规体系相结合，例如采用先进技术优化供应链合规管理，同时减少碳排放和资源浪费，实现经济效益和社会价值的双赢。

将合规内化为企业文化，不仅有助于降低风险，更是企业作为全球公民所体现的责任。毕竟，合规是企业的底线，责任则代表着企业的超越。

## 要点小结

- 在跨国经营中，合规性始终是企业生存和发展的基石。合规管理不仅是法律要求，更是企业保护自身利益、赢得国际市场信任的关键。对于中国的出海企业来说，合规是实现国际化成功的必修课。

- 在跨国运营和国际市场营销的过程中，企业所面临的法律和合规问题极为复杂，涉及反贿赂、反腐败、利益冲突以及反垄断和进出口管制等多个层面。合规力的修炼，是企业走向全球的必由之路，也是赢得国际市场信任与尊重的关键。

- 打造合规文化需要在"制度"与"文化"之间找到平衡，以满足法律要求，同时赢得员工的信任和市场的认可。"以人为本"的合规实践体现在拥抱多元化、反骚扰以及安全保障等几个重要的方面。

- 为了构建稳健的生态合规体系，企业可遵循"3C"法则：统一标准、科技赋能和文化共建。这一法则能帮助企业更好地与全球合作伙伴合作，确保合规操作与道德规范。苹果和大疆创新是打造合规生态的成功企业。

- 流程是企业遵守合规底线的关键。流程的存在，并非为了限制创新，而是为了确保创新在安全的环境中进行。

- 在数字化时代，企业既要应对社交媒体这种外部沟通与传播的挑战，又要面对数据与隐私合规这一数字化转型中的核心议题。随着个人数据成为重要的商业资产，企业需要在收集、存储和使用数据的过程中，遵守各国法律法规，以保障用户的隐私安全。

- 一些杰出的企业，如联合利华和腾讯，成功地将ESG和可持续发展理念融入其核心战略，这不仅带来了显著的经济效益，还提升了企业在全球范围内的社会声誉。通过将合规实践内化为企业文化的一部分，中国出海企业不仅能够降低合规风险，还能以更强的社会责任感和全球公民意识在国际市场中赢得尊重。这不仅是合规能力提升的体现，也是成为全球卓越企业的重要一步。

# 后记

当下的这个时代，仿佛《双城记》中所描述的那样，一个大时代。这是一个最好的时代，也是最坏的一个时代。

书稿完成后的每一周，几乎都有重要的新闻事件发生：比亚迪的最新款新能源车在慕尼黑车展的亮相令人惊艳，多家中国企业的机器人产品在拉斯维加斯的CES电子展上大放异彩；2025年春节期间，DeepSeek大模型问世，打破了OpenAI的技术垄断；不久之后，《哪吒2》成功突破全球票房纪录，成为中国文化出海的强有力推手。技术的飞跃标志着中国企业出海从"硬"技术转向了"软"文化。越来越多高智力、高附加值的产业以领先者的姿态走向全球。深圳的"中国硅谷"，杭州的"六小龙"，以及苏州、武汉、成都、合肥、西安等城市，正在承担着新一轮全球化的重任。

与此同时，受经济周期和地缘政治等多重因素影响，全球经济状况并不尽如人意，空气中似乎弥漫着一种悲观情绪，这种情绪从国内经济蔓延到跨国经营。国内低价恶性竞争的风气已经渗透到国外市场，甚至从"内卷"变成了"外卷"。2025年1月，一家中国光伏企业在国外起诉另一家中国企业，两家"同门兄弟"因专利问题在境外展开激烈的法律交锋。这种情况虽然可以理解为市场竞争的必然结果，其后果却可能是：小则损害行业和产业链的利益，大则影响国家形象。因此，也有人感叹，疫情过后我们似乎进入了一个"历史的垃圾时间"。

在不和谐的声音之外，全球层面的协作共赢依然是主流。在这个时代，真正优秀的企业不仅关注自身的发展，还积极寻求与全球合作伙伴甚至是竞争者之间的协同效应，实现共赢。事实上，许多企业在全球化进程中展现了良性的合作与供应链关系。例如：

宁德时代与宝马在新能源领域的合作，携手开发绿色技术，优化供应链资源，共同推动了电动车产业链的全球化。宁德时代为宝马第六代电驱技术研发的圆柱电池，能量密度比上一代提高了20%，并提升了电动车的续航能力。此外，这些新型电池在减少钴使用的同时，也促进了可持续发展。

　　阿里巴巴则通过Lazada平台与东南亚地区的中小企业协作，通过技术输出和资金支持，帮助这些企业实现数字化转型，提升了本地企业的竞争力。到2024年，阿里巴巴通过Lazada平台支持了数百万家东南亚企业，其中不少企业凭借平台资源实现了年均收入的显著增长。

　　书稿完成后，我陪同大学师兄吴强去了趟日本，他的企业天润融通正在探索海外市场的机会。在与当地企业交流的过程中，我偶然与大学同学张梦芳相遇，原来他一直在负责东软的日本业务，我们一同聊起了企业出海的话题。他提到，日本企业在海外拓展时，往往会在当地国家设立智库或咨询机构，为前往投资的日本企业提供信息支持。日本企业团结一致，从不内斗，这也使得它们的竞争更加良性。这让我联想到中国企业的情况。中国企业出海经历了从开疆拓土的国有央企和大型民企，到现在的更多中小企业的转变。中国企业（特别是大企业）的出海，除了关注自身利益，更要承担起社会责任，展现出真正的领导力，为更多的民营中小企业指引方向。

　　企业出海的时代，离不开优秀的人才，人才决定企业的未来。

　　人才的成长是有周期的，我很高兴能在这本书中分享一些自己的经验与方法，也期待能为有需要的人才提供一些帮助。我坚信，未来中国将培养出越来越多具备国际化视野的人才，帮助中国企业在全球市场上走得更加坚定、更加扎实。尤其是那些中小型民营跨国企业，必将以"小而美、小而精、小而专"的姿态，成为中国企业出海的亮丽风景。

地缘政治环境波澜诡谲，虽然全球化的进程可能会因为不正常的关税政策而遭遇挑战，但正如古人所言，"他强任他强，明月照大江"，"海阔凭鱼跃，天高任鸟飞"。中国的智慧将引领企业驶向广阔的蓝海，而这一切，都离不开出海企业自身的修炼。

是为后记。

2025 年 2 月 20 日
于北京

# 致谢

写作本书,是一次思想与文字的双重修炼之旅。在调研、构思、反复推敲的过程中,我深刻体会到,一本书的诞生,绝不仅仅是作者一人的努力,它凝结着许多人的指引、陪伴与支持。每一次交流、每一句反馈,都是成就这本书的重要力量。

我要由衷感谢二十年前我在就读北大国发院 BiMBA 商学院 EMBA 期间的三位管理学教授——杨壮老师、张黎老师与宫玉振老师。杨老师曾任国发院 BiMBA 商学院的美方院长,是我初涉全球化管理宏观视野的重要引路人;张老师曾任国发院 BiMBA 商学院的中方院长,作为现国发院 DPS 项目的学术主任,他一贯的严谨治学精神深深影响了我;宫老师如今担任国发院 BiMBA 商学院的副院长兼 EMBA 学术主任,在我重新思考全球战略之时,亦给予我诸多指导与启发。他们的学术洞见与人格魅力,帮助我在理论和实践之间架起了桥梁。虽然这本书的灵感并非直接源于课堂,但当年与他们的思辨讨论,特别是围绕管理哲学与中国企业发展趋势的探讨,为我日后思考"出海"之路提供了深厚的文化与认知基础。而我在多家跨国科技企业尤其是在大型企业担任亚太区管理者的经历,更让我深切体会到国际化语境下的组织挑战与战略机遇——这些真实的管理实践,是本书内容的重要根基。

感谢企业全球战略方向的新锐教授邓子梁老师,他在企业出海与全球化领域的见解独到而深刻,我们的几次交流亦让我受益良多。

在写作过程中,我也得到了许多一线企业家的热情支持。感谢我的大学老同学、高乐士创始人梁杰初先生,以及他在广东中山的企业家朋友们;感谢广州疆海科技(Zendure)的 CMO 商洁玲(Jolene)女士,他们让我有机会深入企业现场,从中洞察不同出海模式背后的真实挑战与宝贵实践经验。感谢天润融通董事长吴强先生与英伟达全球副总裁刘念宁（Maggie）女士的认可与支持。特别感谢 IDC 中国副总裁、首席分析师武连峰先生，他不仅为本书撰写了推荐语，也在我与 IDC 多年的深度合作中，持续带给我诸多行业洞察与思考启发。

在我任职 NetApp 亚太区期间，团队中多位优秀同事给予我极大的支持与启发，是本书内容的重要来源之一。感谢来自不同区域市场的核心业务伙伴：澳新市场的 Jen McCarthy、日本市场的 Sengen Toshio、印度市场的 Varun Parwanda，以及负责大中华、东南亚与韩国市场的 Stephanie Lee。他们的专业精神与本地洞察，让我对多元市场的复杂性有了更深刻的认知。也感谢亚太区运营负责人 Keith Neo，作为我重要的合作伙伴，他始终在组织协同与战略落地中提供关键支持。此外，感谢我的教练 Meta Mehling，她的洞察与引导让我在关键阶段得以沉淀思考、拓展视野。

感谢清华大学出版社宋冬雪女士，她不仅是本书的责任编辑，更是我在写作过程中的同行者。她的专业素养、敏锐洞察与不厌其烦的建议，让这本书更为完整有力。同时，感谢出版社的各位领导与参与本书出版各个环节的编辑老师们，正是他们的信任与投入，才有了这本书的最终呈现。

感谢一直以来支持我思考与表达的朋友们，特别是苏秦会创始人陈向阳先生，他始终以同路人的身份给我关心与鼓励。感谢我的北大同学李成刚和老友岳占仁先生的帮助。更感谢我的同事、家人和所有在我写作期间给予我爱、理解与包容的朋友们。是你们的陪伴，让这段看似孤独的旅程，处处闪耀着温暖的光。

最后，向所有同行者致以最深的谢意！若有疏漏，亦请包涵。

我在书中提及的一些指数、企业信息以及市场策略，反映了当前的行业趋势和实践。全球化格局日新月异，随着市场环境和公司战略的不断变化，部分内容可能会随时间有所调整。希望读者理解这一点，并结合自身的行业经验，灵活解读和应用。想了解更多出海实战方法与案例解读，欢迎关注我的公众号"帆海策略"和视频号"杰西出海"。如有深度交流与合作意向，可添加我的微信"chuhaiJesse"（请备注"读者"）。

当前的全球化进程正经历着前所未有的波动与挑战，世界贸易仿佛被一层迷雾所笼罩。但我始终坚信，全球化不可逆。它正在召唤更多的企业、更多的思考者与行动者，去理解、去适应、去突破，并勇敢地重新链接这个世界。

全球化如同波澜壮阔的海流，对于出海者来讲，唯有懂得驾驭风浪，方能驶向彼岸。

让我们在时代的激流中，不忘初心，踏浪前行。

2025 年 4 月 24 日
于北京